U0035077

股票初見面

新米太郎＝編著

恆兆文化出版

新米，煮新米，新煮米

第一次看到「新米」這兩個字是在一本日文雜誌。雖然不懂它的意義，卻叫人精神振奮了一下——

好像小時候，放學回家聞到一鍋新煮好的飯的那種香味。

後來查了一下字典，原來「新米」就是「新手」的意思，跟吃沒什麼關係，不過，看到這兩個字那種本能覺得溫暖、安心、很想世界和平的感覺一點也不減。公司決定要出版一系列學習入門的書，我就極力推薦取名叫「新米」。

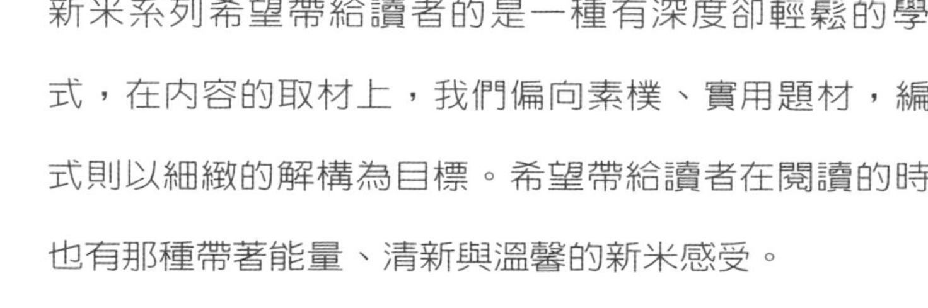

新米系列希望帶給讀者的是一種有深度卻輕鬆的學習方式，在內容的取材上，我們偏向素樸、實用題材，編輯方式則以細緻的解構為目標。希望帶給讀者在閱讀的時候，也有那種帶著能量、清新與溫馨的新米感受。

CONTENTS

chapter 1

股票的組成 魅力與恐怖

基本認識篇

chapter 2

誰影響股價 投資人的買點與賣點

股價漲跌篇

3

chapter

生活中誰令你感動 判別低價好股票

選股方法篇

4

chapter

業績・股價淨值比 個人投資家

本益比實戰篇

1章 010～055

Basic

股票的組成
魅力與恐怖
基本認識篇

股票、股市、交易是怎麼一回事呢？
有人投資股票一夕致富，
有人卻在股市裡栽跟頭，
投資前人人都該先對這項投資工具有基本認識。

第一節

股票是一種有價證券

投資股票前，先瞭解股票是什麼！

股票是有價證券的一種。

有價證券就是在法律上表示了財產權，並且保證持券人可以順利、安全地使用或讓渡這種權利的一種憑證。

有價證券最常被提及的就是股票，股票是保證持有人有權獲得股息、參加股東大會、參與經營權利的一種有價證券。

我們天天在使用的錢幣根據法律規定是有價的，但並不表示權利，所以並不是有價證券。

有價證券的種類

除了股票之外，還有以下幾種類型也是有價證券——

1.商品證券：表明持有人有商品所有權的證券，如提貨單。

2.貨幣證券：表明持有人有貨幣索取權的證券，如期票、匯票。

3.資本證券：表明持有人擁有一定資本權的證券，如股票和債券。

4.其他：如土地的權利書和高爾夫的會員權證。

雖然有價證券種類很多，但並不是每一種類型的證券都具備給一般投資人交易並具備大量交易的機能。比方說提貨單、期票、匯票、土地權利書、高爾夫會員權證等，雖然可以交易但無法大規模的流通。

具體來說，在流通市場的有價證券大概有以下幾種——

1.國債、地方債、公司債券、金融債券

2.股票、新股票受權的憑證

3.信託投資受益證券

4.貨幣信託受益證券

5.商業本票（CP）

6.轉讓性存款證書等。

當然，流得通最頻繁的有價證券就屬股票了。

有價證券的種類

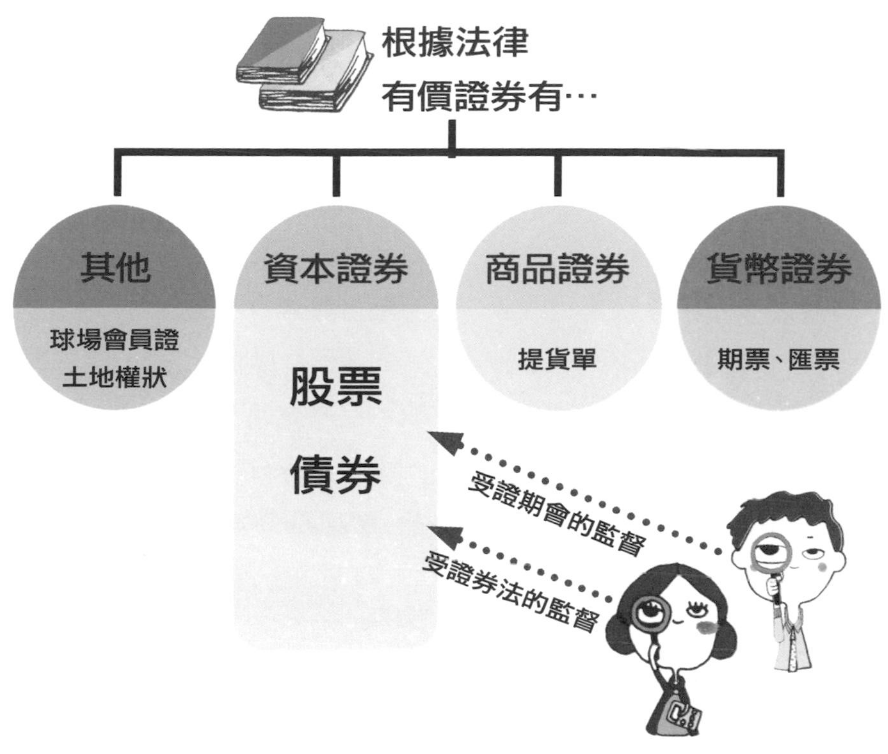

Column

股票交易現在大都採用「款券劃撥交割制度」，買賣股票只會在自己的證券帳戶中記載買進與賣出，所以很少拿到實際的股票。對習慣於「銀貨兩訖」交易模式的投資新手而言，沒有看到股票卻一直有現金的進出可能會感到有點不安，但其實這是十分安全的交易，既不必擔心買到假股票又不怕遺失。

萬一你是買了「真的紙」的股票，其間又搞丟了，唯一的辦法就是跟證券公司連絡，委託他們根據股票序號再做進一步處理了。

第二節

發行股票是企業籌資的方法

企業的營運與成長，最不可或缺的就是資金。資金要從哪裡獲得呢？

一般說來，企業營運資金的獲得可粗分爲「內部獲得」與「外部獲得」。「內部獲得」最常見的是過去營運獲利內部保留的再投資；「外部獲得」方式就很多元了，最常見的企業外部資金獲得方式如下：

企業外部資金的獲得

·銀行貸款

利用信用貸款與抵押貸款等借貸方式，企業必需在規定時間內償還向銀行借貸所得的本金和利息。

·公司債券

通過發行債券方式，企業向外借入資金，大多是企業與企業間的融資方案。簡單說「公司債券」是公司發行的借用憑據，也就是借據！購買企業債券的個人或法人等於把錢借給企業當營運資金。持有公司債券者，有權利向公司收取利息，並在約定的到期日公司也會償還本金。

·發行股票

公開發行股票是企業走向資本市場的必經之路。藉此，企業可由資本市場所具備的各種優勢，擴大營運規模，增加競爭力。所謂公開發行，是指公司的財務、業務對外公開，並受證券交易法及其子法所規範。

企業透過公開發行讓股份上市(櫃)交易直接對投資大衆募資。

不同於前面兩種方式，投資人購買了股票，企業是不需支付本金和利息給投資人的。而且只有當企業營運利潤發生時，才需要把利潤的一部分作爲股息支付給投資者。

比較三種企業外部資金獲得方式不難了解，如果企業要籌集長期安定的資金，通過公開發行股票向大衆募資是很好的一種方式。

企業營運資金怎麼來？

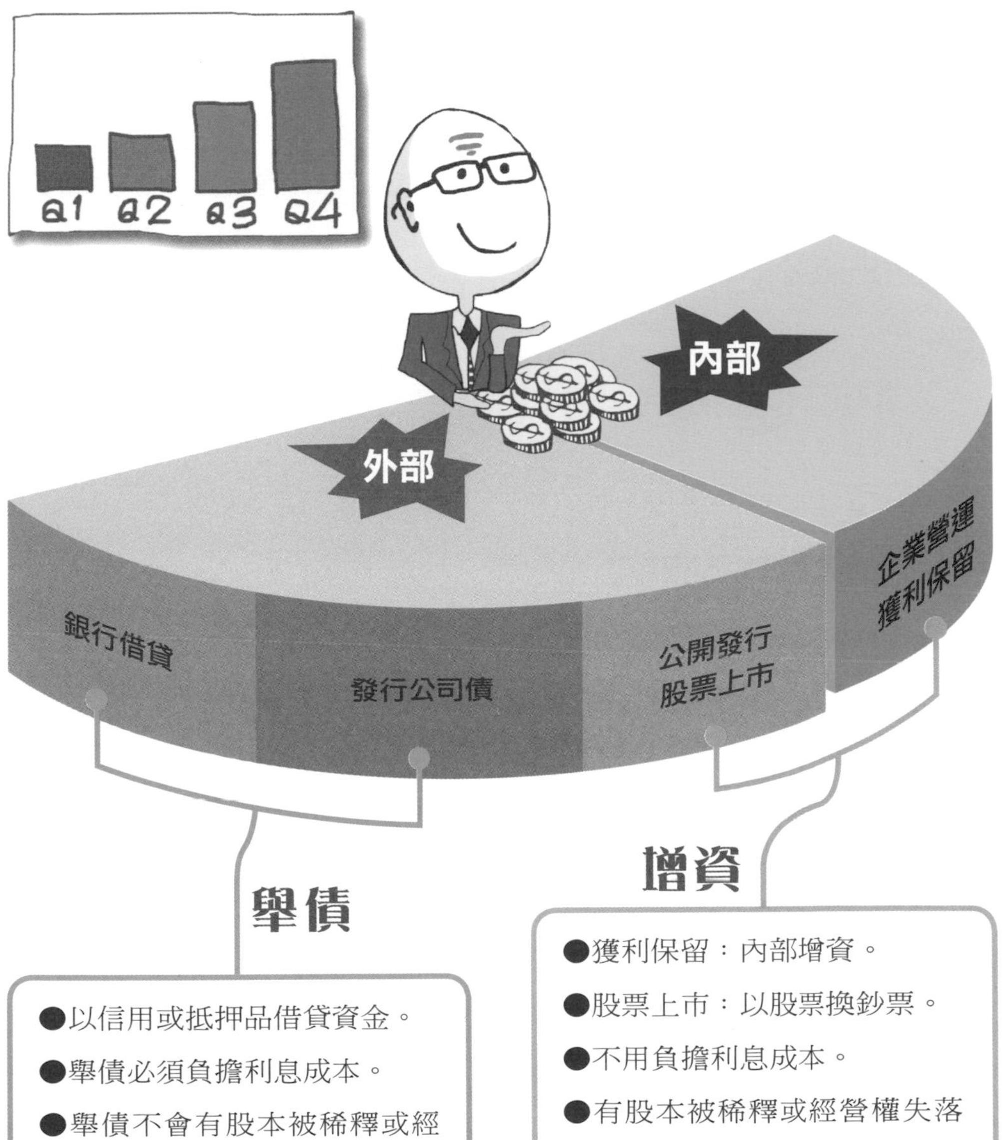

- 以信用或抵押品借貸資金。
- 舉債必須負擔利息成本。
- 舉債不會有股本被稀釋或經營權失落的疑慮。

- 獲利保留：內部增資。
- 股票上市：以股票換鈔票。
- 不用負擔利息成本。
- 有股本被稀釋或經營權失落的疑慮。

第三節

認識股票市場

所謂股票市場就是股票發行和交易的場所。股票市場已存在二百多年，英國股票交易所成立於1773年，美國股市成立於1790年，台灣股市則成立於1961年。

企業發行股票以籌措資金，投資人透過購買股票成爲公司的股東，當企業發營運績效良好分配盈利時，則根據投資人出資額(股份數)的多寡進行分紅(配股、配息)，就是企業對投資人的回饋。就投資人權利言，投資人購買了股票就成爲該企業的股東，也就有了獲得股息和增資（股票的追加發行）的權利，同時可以出席股東大會，在公司經營重大專案上股東有權行使表決權。

股市，資金再分配功能

如果企業順利發展，有能力配發紅利的話，那麼購買這家公司股票的人也會增多，股票的價格就會上升。相對的，如果企業經營不順，盈利減少的話，購買者就會減少，已經持有股票的人也會考慮出售，股票的價格就會下跌。

經營狀況良好、有前途的公司比較容易增加資本。相對的，經營得不好的公司就難以取得更多的資本，股票價格也就愈來愈低了。

如此的循環之下，經營狀況良好的公司會更進一步發展，公司會越來越繁榮，政府稅收也會增加，對國民經濟的發展帶來好處。這是通過股票市場，在經濟活動中實行著資金再分配。

股市成員

企業、投資人、證券公司與主管證券市場的證期會，各自在股市交易中扮演者怎樣的角色呢？P16、17有一張股市組織圖，提供給讀者參考。

股市，實行著資金市場的再分配

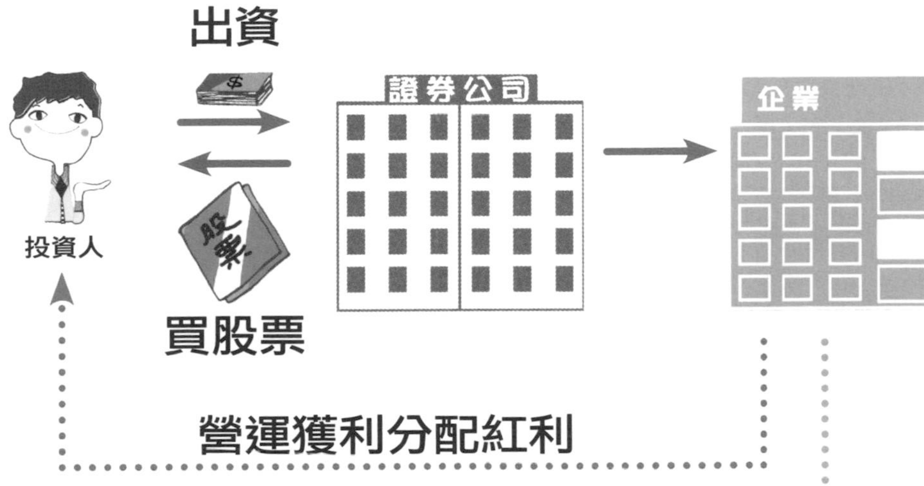

投資人追逐經營良好企業，
因為會賺錢，分紅比較多！

經營良好
股價上漲

我追逐業績好的公司，
所以，錢，就給它搬過
去！！

經營不好
股價下跌

股市組成圖

證券暨期貨管理委員會

財政部證券暨期貨管理委員會

證券市場的主管機關。

證券交易所

爲約定的證券經紀商、自營商提供集中買賣與結算交割。

證券交易所

集中交易市場
上市股票
交易撮合

財團法人中華民國證券櫃檯買賣中心

爲發展店頭市場而成立。

櫃檯買賣中心

店頭市場
上櫃、興櫃股票
交易撮合

綜合証券商

包括承銷商、自營商及經紀商。
承銷商：包銷或代銷有價證券。
自營商：自行買賣有價証券。
經紀商：爲客戶居間買賣有價證券。

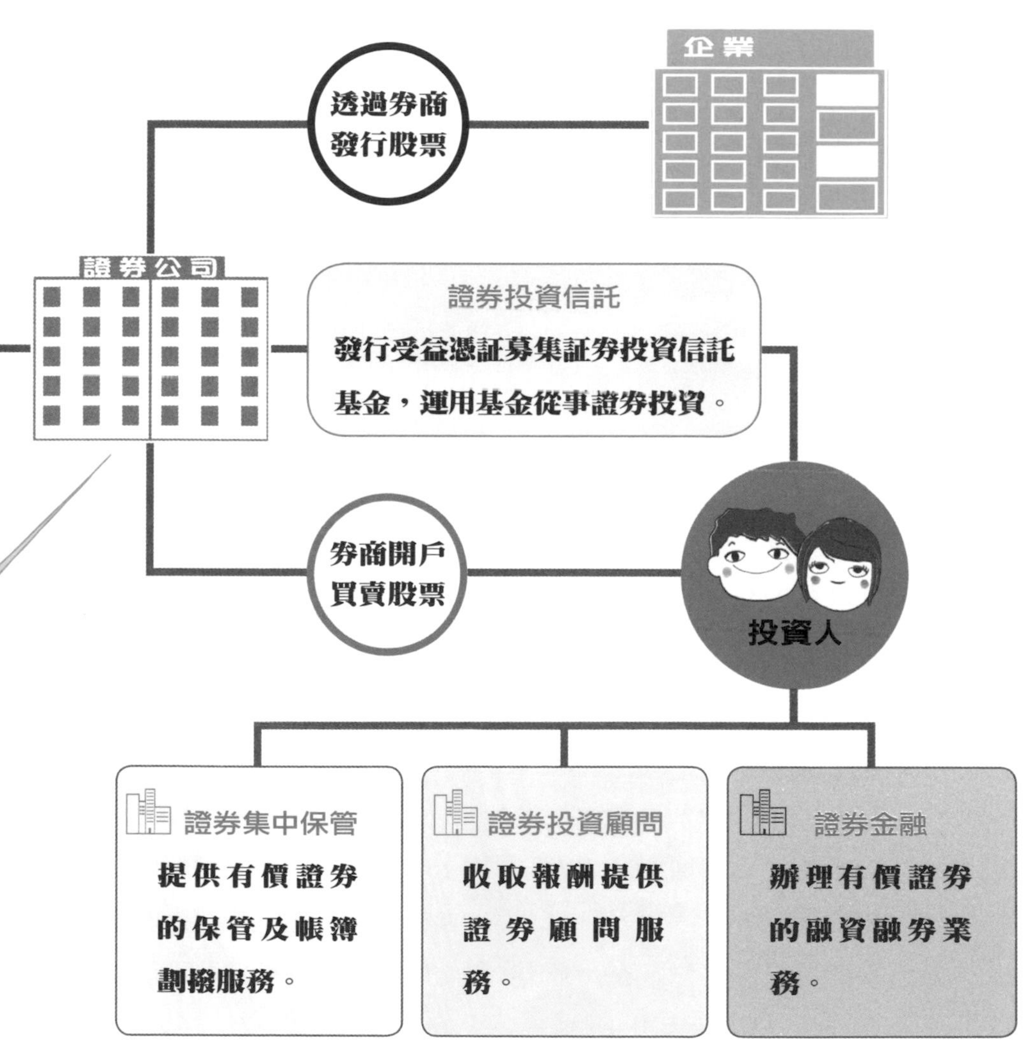

基本認識篇

股價漲跌篇

選股方法篇

本益比實戰篇

第四節
股票市場的分類

認識股市除了了解不同組成機構如何扮演自己的角色外，還有以下兩大分類方式。

初級與次級市場

股票有一手交易的新股票，以及二手交易的舊股票。

·初級市場

「初級市場」是指企業爲了籌募資金而向很多投資人(單位)發行自己公司的新股票，所以，投資人在初級市場所買的股票是新股票，也就是直接由公司發行出來的股票，所以，初級市場又稱爲「發行市場」。

·次級市場

投資人在「初級市場」購買新股票後，不一定會一直持有，而是拿到交易市場去賣，不管是買或是賣的均是舊的股票(交易過一次以上的股票)，這就是「次級市場」。大多數投資人都是在這裡交易，所以「次級市場」又稱爲「流通市場」。

可別誤會了，「初級市場」、「次級市場」並非具體的場所，而是抽象概念。

股票上市歷程

在媒體上常常聽到「上市」、「上櫃」、「未上市」……是什麼呢？

一家公司從草創到業務擴大，再經過股票公開發行一直到上市是條漫長的路。就像一顆幼苗從小變成大樹，每一個階段所需要的資金養份與照顧均不相同，每一個階段都有不同的資金挹注，而這也形成不同的股票交易市場〔見P.21〕。

·未上市股

台灣的股票市場可區分爲上市及未上市市場。只要不是在證券交易所和櫃檯買賣中心進行交易的股票，都稱之爲「未上市股票」。目前國內很多已上市企業在還沒有上市之前都經歷

初級市場與次級市場

初級市場
初上市新股票交易
企業
股票
←出資
法人
銀行
←出資
法人
←出資
投資人
次級市場
銀行
法人
法人
投資人
股票交易
股票交易
號子
號子
證券公司
證券公司
已上市舊股票交易
交易確認
交易確認
證券交易所

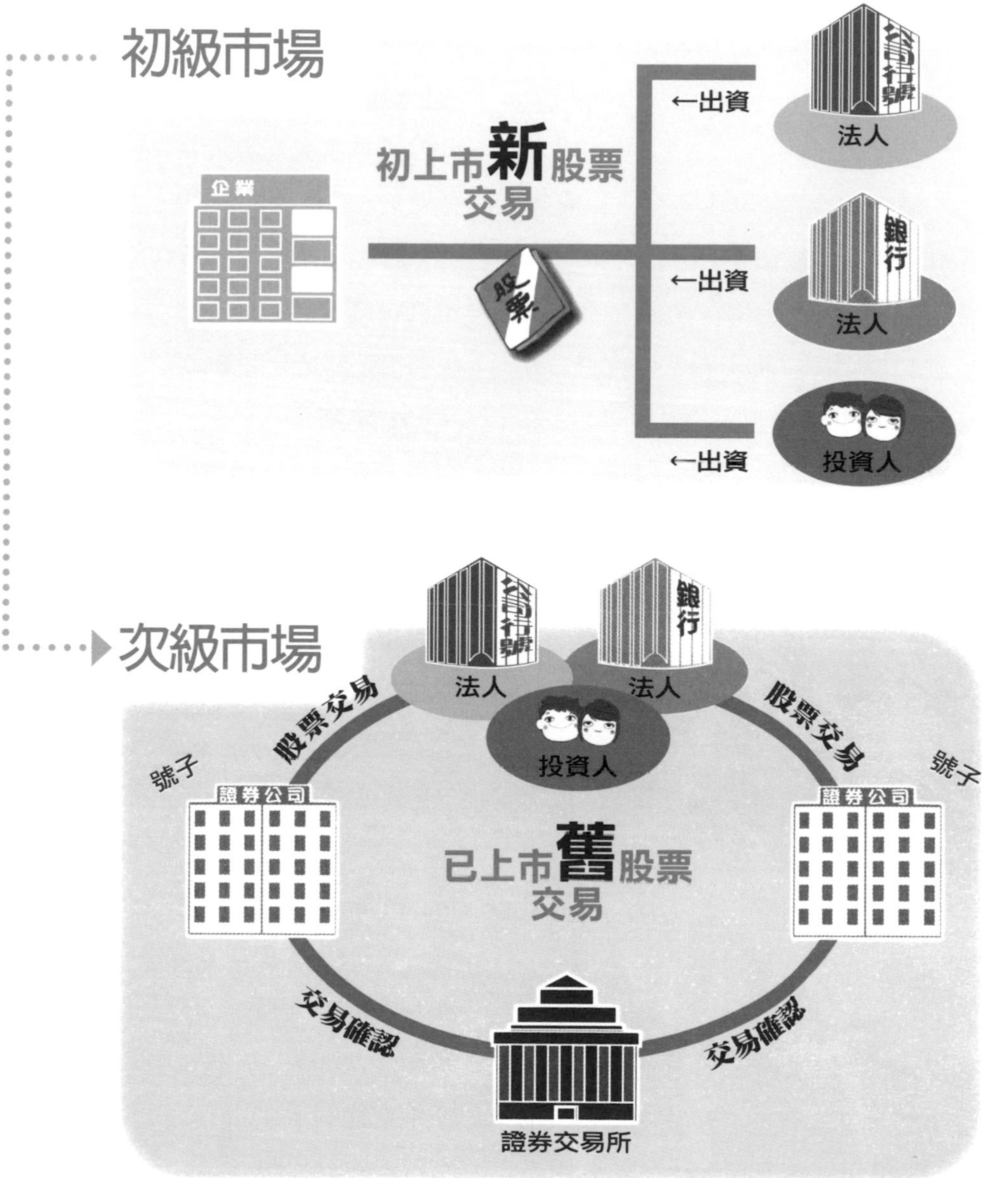

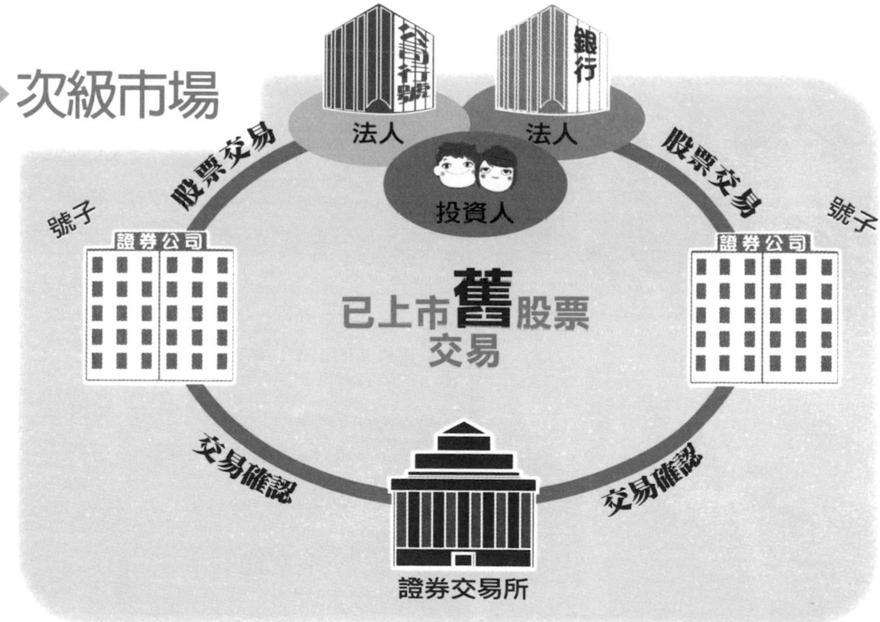

過「未上市股」這個階段，例如華碩。

未上市股票又分爲兩種，一種是「已公開發行」，一種是「未公開發行」。

投資人買賣「未上市股」只能靠著本身找買主或賣主。由於未上市市場的交易資訊不透明，風險很高，但相對的也因爲它具備有「股價一上市就可能大漲」的想像空間。所有也有很多人是專門投資未上市股票的。

值得注意的是有些未上市公司利用多層次傳銷的手法銷售股票，這種作法問題很大，投資人應小心。

·興櫃股票

企業股票公開發行後，投資人可以透過未上市盤商或私下進行買賣如此便有了「市場價格」，而後公司申報上市上櫃輔導，尚未進行正式掛牌交易前即進入「興櫃階段」。

相較於未上市股票，興櫃的透明度提高，市價也貼近眞實價格，潛在的報酬率就比較低，但相對的風險也低。現在要掛牌成爲上市上櫃公司必須先在興櫃交易三個月以上，所以，也被稱爲「準上市上櫃股」。

·上櫃股票

股票交易是在「中華民國證券櫃檯買賣中心」（店頭市場）交易撮合完成。企業的資本額與相關條件比起上市公司門檻較低。新興產業、中小型公司很多都是上櫃公司。

·上市股票

凡是在「台灣證券交易所」集中市場交易撮合完成的都屬於上市股票。知名的企業大都是上市公司，這些企業資本額大、相關的法令限制與股權分散性都優於其他，也是交易最活絡的股票。

·全額交割股

企業上市之後並不保證業績持續成長，當上市公司財務發生困難、重整、停工或有重大違規事件，主管機關就會將其列爲全額交割股，以限制這類股票的流通。買賣這類股票就得一手交錢一手交貨，不能像一般股票有兩天的收款期。

企業與資金市場的關係

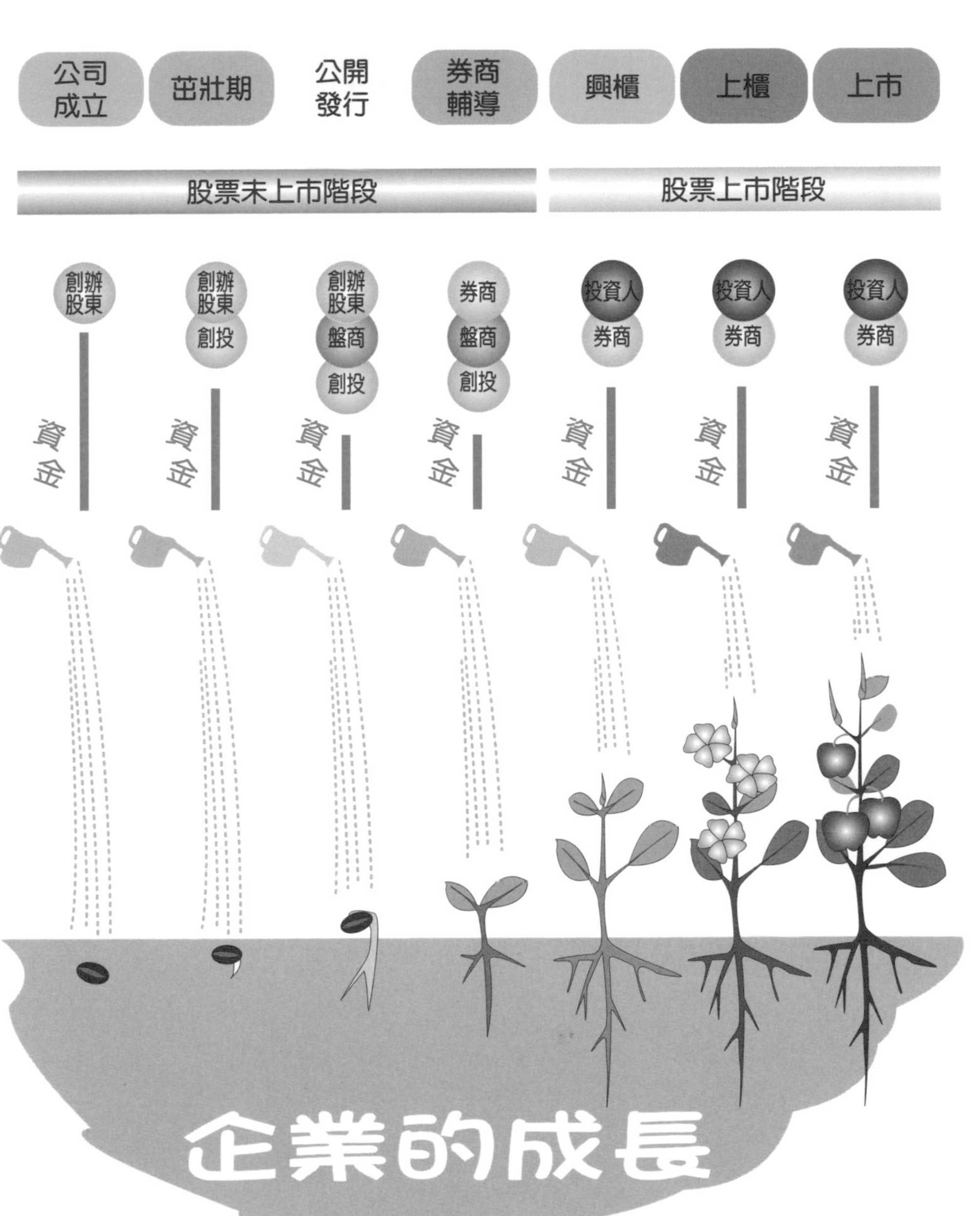

基本認識篇
股價漲跌篇
選股方法篇
本益比實戰篇

第五節

投資股票共享企業營運利潤

前文提到公司有賺錢，就可以分享利潤給股東，接著來看看股東與公司利潤的關係。

企業利潤的產出

公司賺得的利潤屬於公司所有股東。這就像出租房子租金收入屬於房子的所有者。

這樣的解釋相信有人還是對「公司利潤屬於股東」持有疑問。比如，公司的董事長和員工扮演什麼角色？

實際上，董事長和員工們辛勤的揮灑汗水讓公司獲利，這是他們的責任，不過，回過頭來說，即使是持股最多的董事長也不是公司的老闆。因爲上市公司的老闆是全體股東。

員工和董事長、總經理等人的薪資屬於是公司的經營費用。全體股東們所得的利潤是公司從收入中扣除經營者與員工們的薪資等費用之後，再繳納稅款，最後，才是公司的利潤。

盈餘的分配

一般股份公司即使年年都有盈餘，也不一定每年把利潤全數分配給股東，通常公司會保留相當成數的利潤在未來的經營上，目的是用來購買生產機器、土地、廠房與再投資……等。

這聽起來很合理！但上市公司股東不是一人兩人，股東有成千上萬，幾乎形形色色的人都有，其中當然不乏有人認爲要全額分紅的，由於是共同出資，如果大多數股東都同意這樣做，也可以全額分紅。

公司如果不是全額分紅，未被分出去的利潤存放在公司內部的就稱爲「保留盈餘」。保留盈餘是股東寄存在公司的所有物，如果公司那天解散，應該歸還給股東。

保留盈餘雖未讓股東佔到好處，但放在公司用於來年賺得更多的錢，獲益還是歸於股東。

企業營運收入的分配

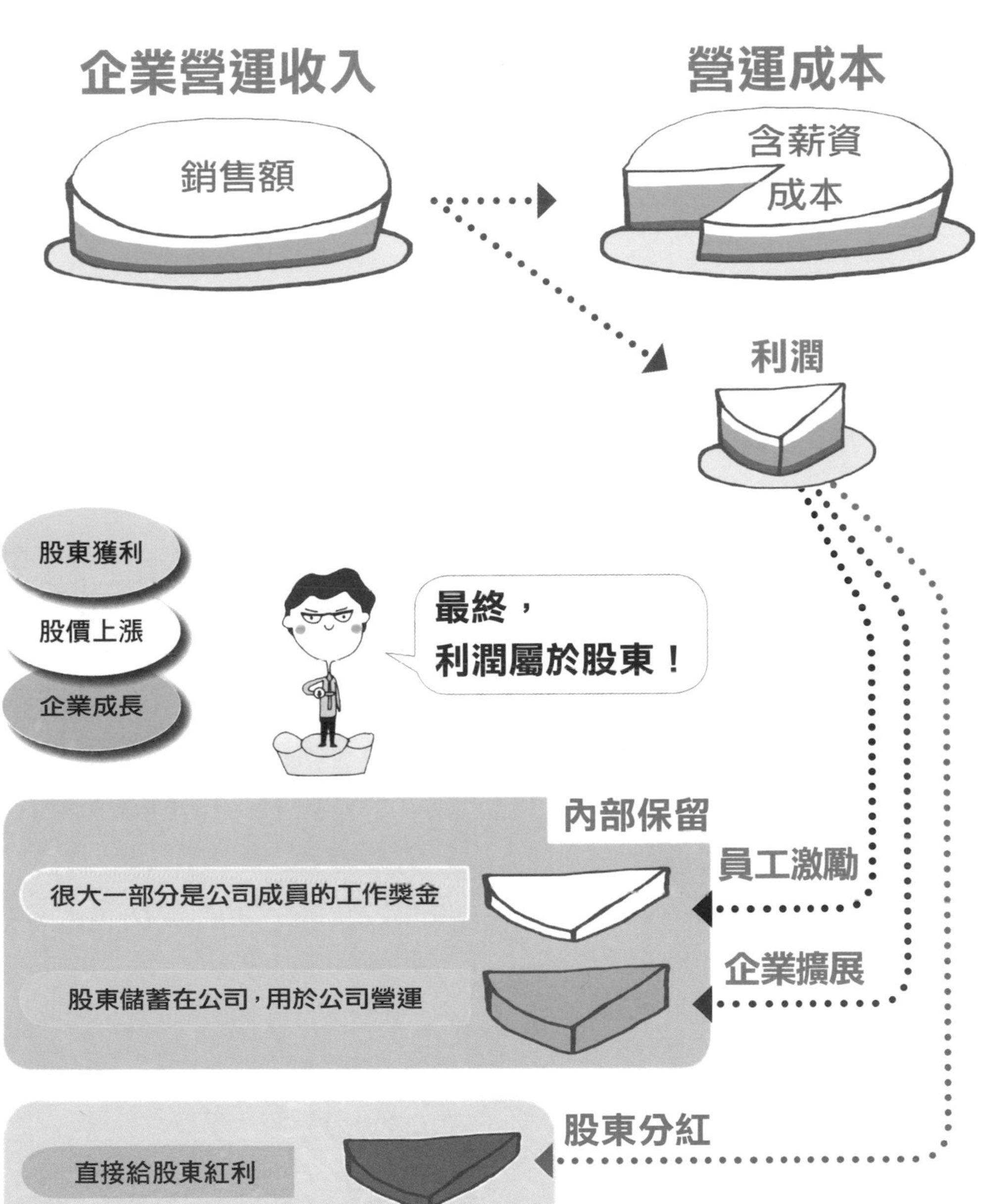

基本認識篇

股價漲跌篇

選股方法篇

本益比實戰篇

第六節

收取股利與賺取差價

買賣股票的樂趣在取得股利之外，最重要的是低買高賣的漲價利潤。

股利的產生

企業因經營獲利，就有能力配發給股東利潤，稱之爲股利。

股利分爲兩種，一種是現金股利一種是股票股利。

分紅的金額由股東會決定，並按「每一股要配發多少股利」計算。

確定金額後，股東會收到郵寄匯款配發股利證明。如果提前辦理手續，可以讓銀行自動匯入賬戶。

配發股利的金額每年都不同。公司過去的獲利歷史並不能保證未來相同。投資股票不像定存，存100萬固定領2萬。但是股票就不一定了。

賺取差價

除了利潤分紅以外，買股票的好處在於「漲價利潤」。漲價利潤是指將股票以高於購買價賣出所獲得的利潤。

便宜買高價賣——非常簡單。只要能夠靈活的買賣，將獲得與股利無法比擬的利潤。

怎樣才能取得這種差價呢？關鍵在於選擇好公司，並在合適的時間買與賣。所謂好公司，當然是指能穩當獲利的公司。

若是你想買下一家公司，當然想買一家很會經營很會賺錢的公司，其他想投資的人想法也一樣，大家都想買會賺錢的公司。因此，想成爲這種公司股東的投資人很多，這類型的股票價格就容易上漲。

但是，再好的公司，也不能高價購買。平時我們買東西也是如此，何況還要將股票轉手賺錢。

所以，即使選擇好公司，也要儘可能的低價購買才有可能賺錢。

股價波動與獲利的關係

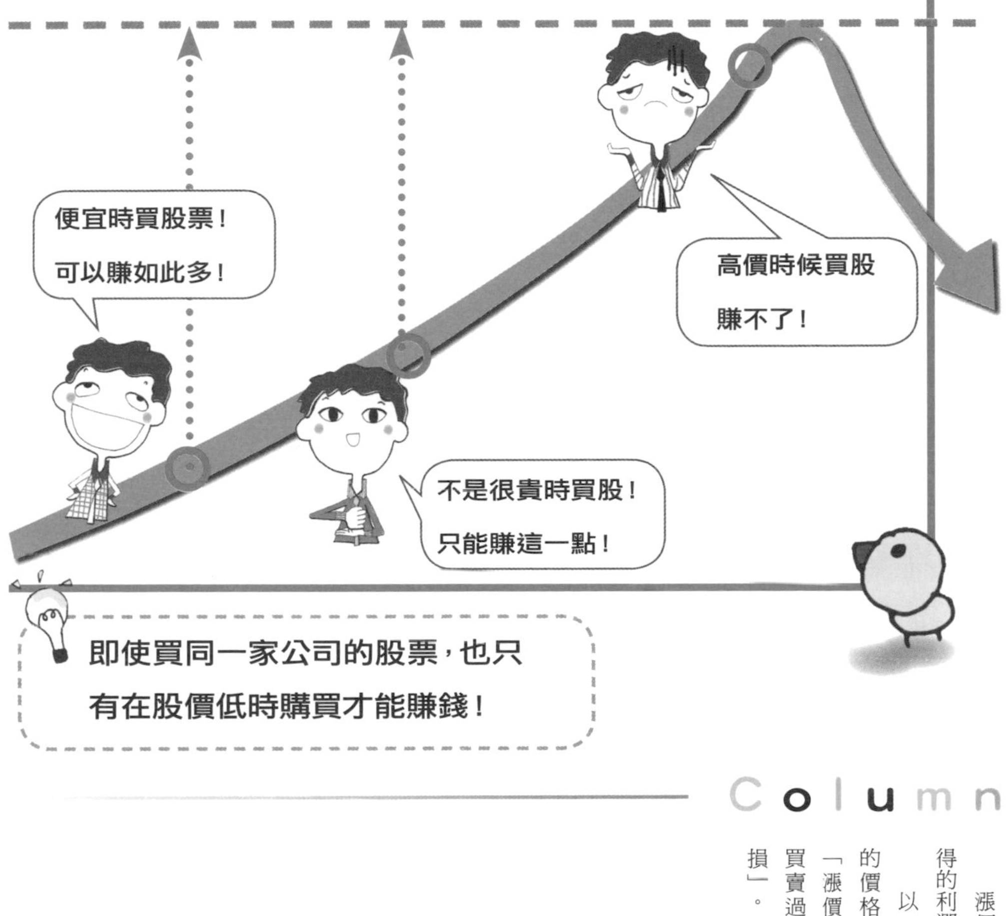

Column

漲價利潤就是通過股票買賣獲得的利潤。

以10萬元買下的股票以20萬元的價格賣出，就能獲得10萬元的「漲價利潤」。相反，在股票的買賣過程中的虧損稱為「跌價虧損」。

第七節
股票的三種價格

同樣一張股票，從報章媒體中卻常聽到不同的價格名稱，這是爲什麼呢？以國內而言股票至少有三種價格——面額、淨值、市價。

面額

面額指的是股票的「票面金額」，就像現鈔一樣，每張股票上面都會印有「新台幣壹萬元整」的字樣。

如果我們把不同公司的股票，都擺在桌子上，你就會發現，每張股票的票面金額都是一樣的。

既然如此爲什麼要特別標示呢？

其實，在1979年之前，國內的股票每張股票的票面金額是不一樣的，比方說亞泥的票面金額是5元、彰銀是100元、國泰是300元等。因爲每張股票的票面金額不同，交易起來很不方便，所以在1979年財政部就規定每一股的票面金額都是10元，一張股票是1000股，所以每張股票的票面金額都是壹萬元。

淨值

淨值就是股票「現階段的價值」，它是根據公司的財務報表所推算出來的：

淨值的計算公式：

每股淨值

=(資產總額－負債總額)/發行股數

每一家公司剛成立時每股面額都是10元，也就是每一家公司最原始的每股淨值都是10元，但是公司上市公開發行之後如果公司有賺錢，每股淨值就會跟著增加。要查詢上市公司淨值，利用證交所的網站(如右)是最便利的。

淨值的計算方式是根據財報，你可以把它想成「如果公司現在進行資產清算，把該償還的債還了、該收的款收了、該變賣的變賣了，最後的金額按股份比例一一還給股東，股東還能

上網找公司的基本資料

台灣證券交易所網址：

http://www.tse.com.tw/

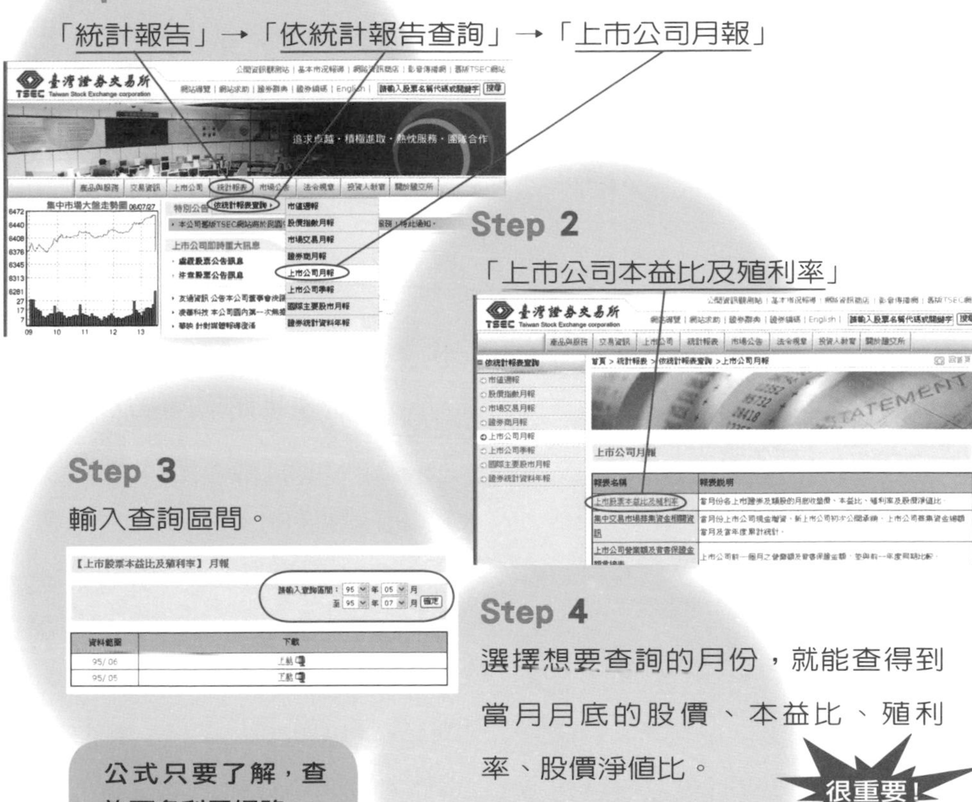

拿這麼多錢。」這就是淨值的意義。

由這個角度來看，理論上每家公司在市場上的股價都該高於淨值才對。但實際情況並非如此，當整體環境欠佳時，或是對這家企業的未來獲利能力不看好時，「跌破淨值」的股票還是很多。

市價

市價是一般投資大衆最關心的，它可以概略描繪出在投資人心理上這張股票到底「值多少」。

市價是由市場的供需來決定的，絕大多數的股票投資人目標是對準了「低價買、高價賣」以獲取其中的價差。

不過，「賺取差價」的想法並非一定正確，被喻爲世紀股神的華倫·巴菲特就認爲，投資人只應該在一種情況下買下某公司的股票——

「假設你資金充裕，願意把那家公司整個買下來！」也就是買企業不是買公司的股票。

雖然「理論上」似乎應該如此，但投資人主觀(甚至可以說是無理性的)的氣氛還是會大大的影響到市價的波動。但這對於一位優秀的投資人來說，反而是件好事——

「不就是因爲這情緒波動製造了股市無理性的現象，正好給了理性的投資人有機會可以買到價值被低估的股票嗎?」巴菲特如此的解讀股市。

因此，不管市場人氣如何，找到價值被低估的股票，是在股市獲利的方法之一。本書的第四章即討論，如何理性的判斷股票該有的價值，再對照市價波動的情況找出較佳的買點。

研究股票價格在市場上的波動，對於初學者而言可以說是件極有趣的事情——同樣的經營團隊、不變的營運結構，股價在極短的時間卻有著極大的戲劇性變化。投資人只要到股價相對低點時買進，相對高點時賣出，就是一樁成功的買賣。

股票有三種價格

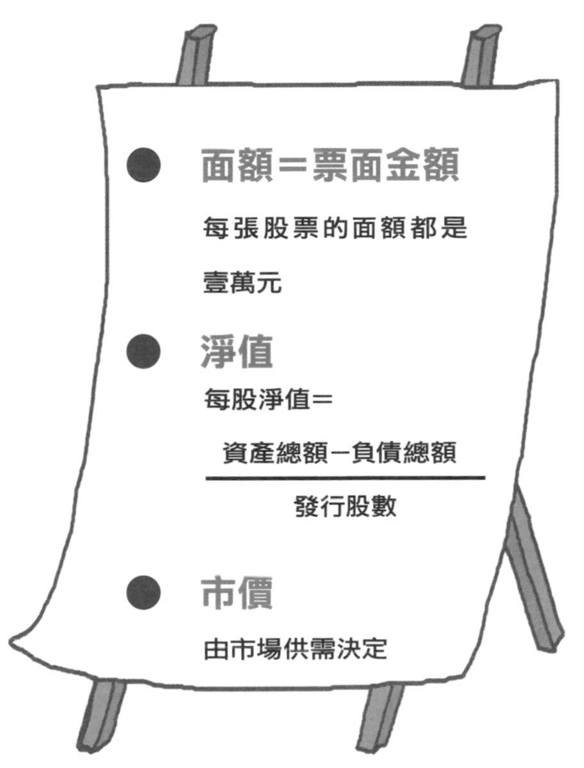

Column

華倫．巴菲特是如此形容股市的——

股市存在的目的，只是供我們參考，看看是不是有人願意做傻事。

他所使用的投資方法，只是看企業的價值和市值，主要是遵循著下列的四個原則：

1.絕不追趕股市每天波動。
2.不必嘗試分析或煩惱整體的經濟狀況。
3.是買企業，而非買公司的股票。
4.管理一套企業投資組合。

第八節

股票交易的流程

買賣股票的第一步，該如何開始？股價又如何產生？

股票買賣第一站—證券公司

在證券公司辦妥開戶手續是投資股票的第一道手續。

現在買賣股票的方式既簡便又多元，可以利用電話、網路、親自到證券公司、手機、PDA等等很多種方式，但不管你習慣使用那一種下單方式，首先得先親自在證券公司有一個「帳戶」(雖然也可以採通訊開戶，但比較上還是親自開戶較快速安全)，因為一般投資人買賣股票並不是直接連線到交易所，而是透過證券公司系統再連到交易所撮合。所以，選擇下單的證券公司還滿重要的，有位負責細心的證券營業員也很重要。

舉個實際的例子：一位朋友利用網路下單，不小心出錯了，本來只準備買1張股票的，竟然變成買2張，到了要交割的時候，營業員通知朋友餘額不足，慘的是一時之間朋友並沒有那麼多的現金，營業員也體諒他不是蓄意的，就自己掏腰包先把錢補足。

這雖然不是個成功交易的好例子，不過卻可以說明，證券公司是投資人交易股票的第一站，舉凡委託、交割、資訊的獲得都可以透過證券公司完成，而有一位負責的營業員更是投資人的好幫手。原則上只是跟交易有關的大小事都可以向他們請教，若是你的營業員態度不佳或是跟你「不對盤」，可以到交易櫃檯自己「物色」一個看順眼的營業員，再告訴對方你想請他當你的營業員就可以了。

交易的開始—委託交易

開完戶投資人就可以開始買賣股票。買賣股票大分兩個程序，首先是委託交易，再來是交割(見P40)。

委託交易可選擇「限價委託」、

股票交易程序

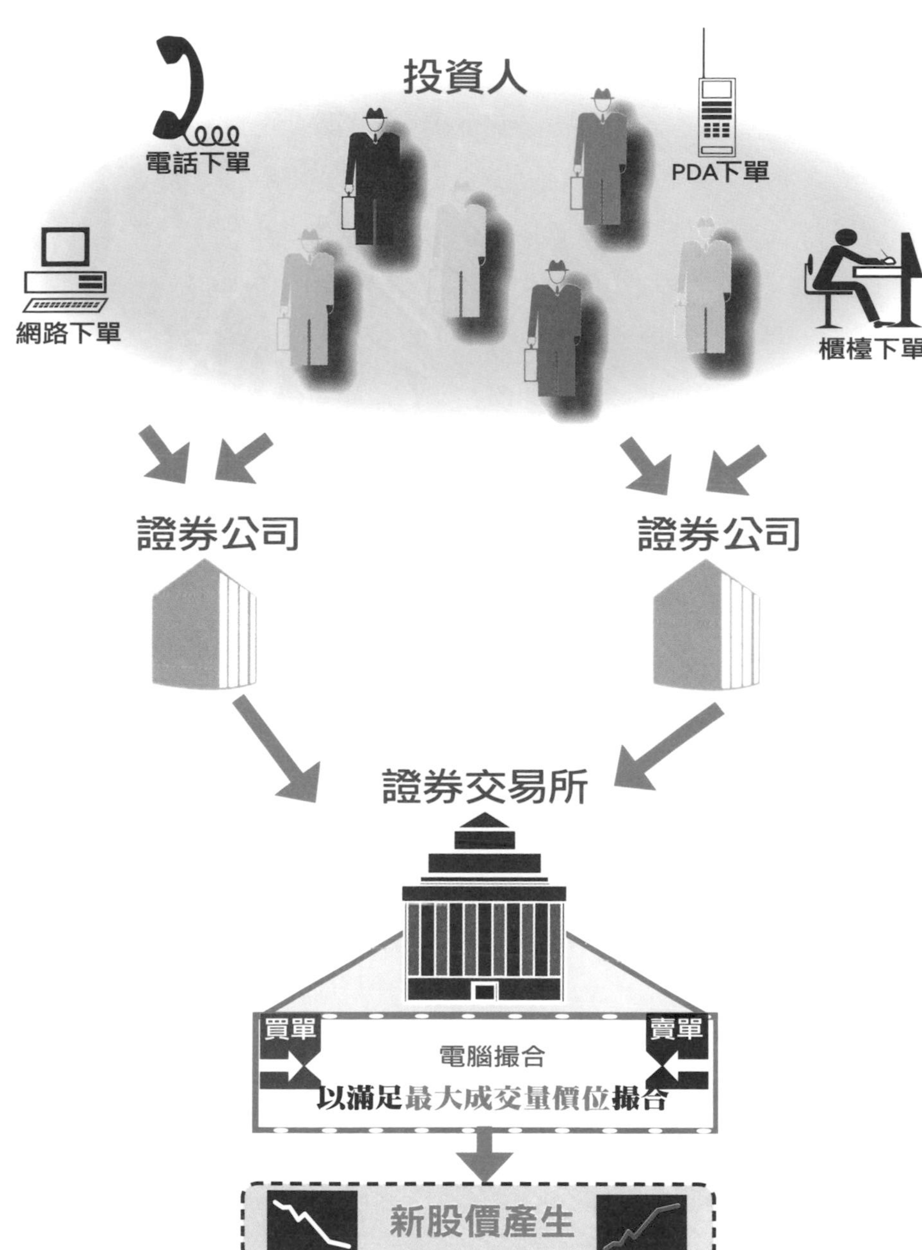
投資人
電話下單
PDA下單
網路下單
櫃檯下單
證券公司
證券公司
證券交易所
買單
賣單
電腦撮合
以滿足最大成交量價位撮合
新股價產生

「市價委託」兩種價格條件。

・限價委託

「限價委託」就是投資人自行決定買賣價格。例如：你想以限價45元買進某公司股票，最後成交價會在45元或45元以下。但要注意委託價格必須限制在當日最大漲跌幅，也就開盤價的±7%。

・市價委託

若投資人沒有指定買進或賣出價格，就是同意依當時市場交易的價格撮合交易，市價交易均以漲停買進跌停賣出委託，實際成交價格則由市場決定。

投資人如果決定一定要買或賣某股票時，通常採用市價委託。相對的不急著買或賣出股票就採限價委託。

價格優先、時間優先

投資人不論經由何種機制（現場、電話、PDA、手機或網際網路等方式）委託交易，掛單資訊都會先進入你所開戶的證券公司，最終則會傳送到「證券交易所」，依循「價格優先」和「時間優先」的原則進行買方與賣方的撮合。

・價格優先

「價格優先」是指市價委託掛單優先於限價委託掛單。

而同樣是限價委託，較高買進委託掛單優先於較低買進委託掛單；較低賣出委託掛單優先於較高賣出委託掛單。

例如：限價委託價格為100元、101元、102元、103元的賣單中，限價委託賣出將以100元的委託掛單優先成交；相對的，限價委託買進將以103元的掛單優先成交。

・時間優先

「時間優先」是指當委託買賣同樣價格時，先委託的先成交。

例如：A投資人買進10萬股，B投資人買進1萬股，兩人委託買進同樣的股票，A投資人先委託的話，在A投資人的10萬股全部成交後，才執行B投資人的委託。

委託價格的兩種方式

⊕限價委託

- ⊙自己決定買進或賣出股票的價格。
- ⊙有可能要買買不到，要賣賣不掉。

⊕市價委託

- ⊙同意依循市場行情買賣股票。
- ⊙買進價→漲停價
- ⊙賣出價→跌停價
- ⊙有可能買太貴或賣得太便宜，成交價格並不一定令自己滿意。

買賣成交依循「價格優先」、「時間優先」排序，由電腦撮合。

所以，下單 ≠ 一定成交

成交率：市價委託 ＞ 限價委託

第九節 股價是如何形成的

開盤價、盤中瞬間價格、收盤價如何產生？

開盤、盤中、收盤價的產生

開盤價爲當日各種股票第一筆成交價格。臺灣股市於每日早上08：30開始接受委託交易掛單，並於早上09：00完成第一筆的交易撮合，同時產出當日各股開盤價。

股市開盤後，證券交易所每25秒進行一次交易撮合，產生各股盤中瞬間股價，也就是當時的股票市價。

收盤價決定方式自13：25起至13：30止暫停撮合，但電腦持續接受買賣申報的輸入、改量及取消作業，直至13：30停止上述委託作業，再依集合競價決定收盤價格。

個股收盤前5分鐘集合競價的結果，若無任何買賣委託成交，則以當日最後一次成交價作爲收盤價；若當日均無成交者，則無收盤價。

了解開盤、盤中及收盤價的產生方式，那麼，你是不是會好奇，這些價格又是依循什麼邏輯決定出來的呢？

它的決定方式有以下三點：

⑴滿足最大成交量成交，高於決定價格的買進申報與低於決定價格的賣出申報須全部滿足。

⑵決定價格的買進申報與賣出申報至少一方須全部滿足。

⑶合乎前二款原則的價位有二個以上時，採接近最近一次成交價格的價位。

交易撮合程序—競價買賣

股市交易屬於「競價買賣」的一種。什麼叫「競價買賣」呢？

所謂「競價買賣」就是買方與賣方分別單獨進行買進價和賣出價的競價。當賣方屬意的價格和的買方屬意的價格一致時，就可以成交，而這個價格就是成交價。

股票市價隨時間更新

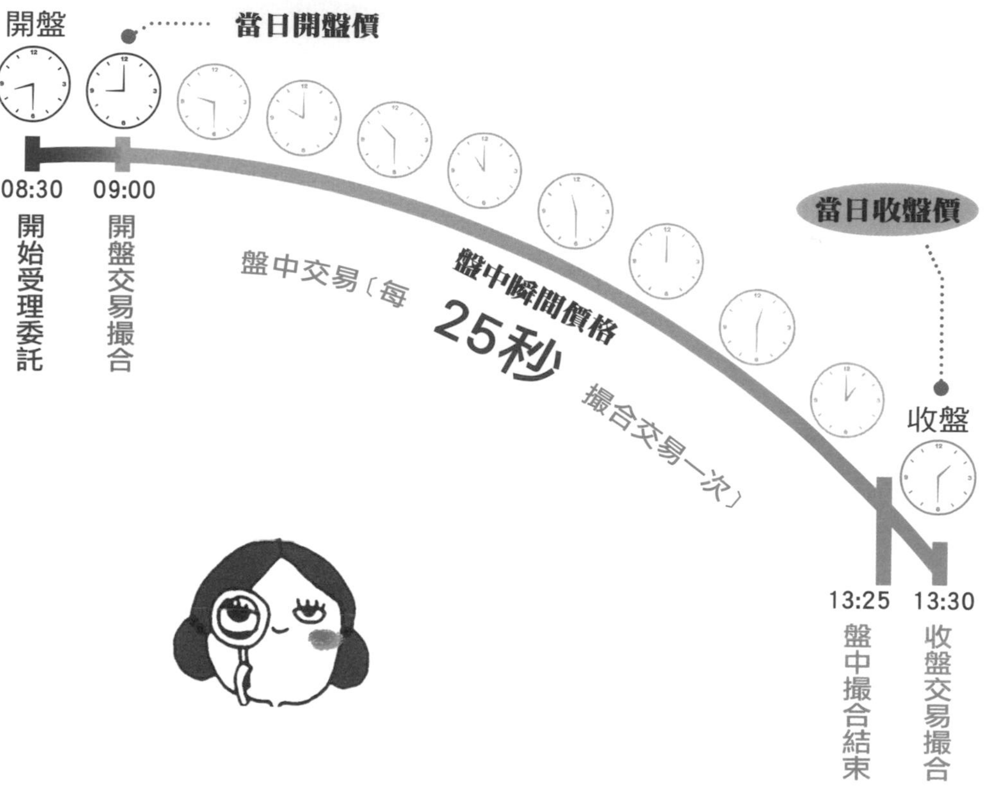

委託買賣撮合成交時間

台灣集中市場交易時間為星期一至星期五，各項交易皆限當日有效，委託時間與撮合成交時間彙總如左表：

各項交易名稱	委託時間	撮合成交時間
普通交易	8：30-13：30	9：00-13：30
普通交易（全額交割）	8：30-13：30	9：00-13：30
盤後定價交易	14：00-14：30	14：30
零股交易	13：40-14：30	14：30
鉅額交易	09：30-09：40 13：35-13：50 11：30-11：40	11：30 11：40 09：30-09：40 13：35-13：50
拍賣及標購	15：00-15：30	15：30以後

大家所熟知的「網路競標」就是「競價買賣」的一種，但不同的是網路競標的決標是價格取向——由最高標價得標；股市交易則是以成交量爲取向，決標價(成交價)則以滿足最大成交量的成交價爲主。

如果要細分競價買賣，在股市交易中又分爲「連續競價」和「集合競價」。現在的台灣證券集中市場開盤、盤中及收盤價格的決定方式一律採「集合競價」(「盤中連續競價」方式在民國92年7月1日已取消)。

集合競價就是將已輸入電腦系統的買賣單，買方依檔位價格將所有買單由高至低累計，賣方也依檔位價格將所有賣出張數由低至高累計，再找出能滿足最大成交量的檔位價作爲成交價。

而各檔位價格的成交量就是該價位買方或賣方較少一方的累計張數。(見右圖)

在價格優先和時間優先的原則下，高於選取價格的買方委託和低於選取價格的賣方委託在價格上一致的話，就買賣成立。

集合競價範例

某有價證券於前次成交後的成交價爲54.00元、買進揭示價54.00元、賣出揭示價54.50元，本次撮合前的買賣委託情形如右圖(撮合前)。

依集合競價規則，在當市漲跌停價格範圍內，以能滿足最大成交量的價位成交，撮合結果如右圖(撮合結果)，成交價爲56.00元，共成交185張，買進揭示價55.50元，賣出揭示價56.00元，買進委託55.50元尚餘10張未成交，賣出委託56.00元尚餘7張未成交。

最佳五檔揭露

每盤撮合後，揭露未成交最高五檔買進申報價格與其張數，最低五檔賣出申報價格與其張數。個股最佳五檔資訊，可幫助一般投資人做投資決策參考，決定買進或賣出個股的價

集合競價範例

假設A股票開盤價 54 元
漲停：54×(1＋0.07)＝57.78
跌停：54×(1－0.07)＝50.22

股價	升降單位
5元以下	1分
5～15元	5分
15～50元	1角
50～100元	5角
150～500元	1元

委託買賣價格 ⊖ 50.50 ～ ⊕ 57.50

撮合前

買方張數	買賣價位	賣方張數
162	⊕ 57.50	94
	57.00	36
	56.50	25
23	56.00	20
10	55.50	15
	55.00	46
57	54.50	55
	54.00	20
30	53.50	13
	53.00	3
99	52.50	
	52.00	
22	51.50	
5	51.00	
33	⊖ 50.50	20

成交價54.00
買進54.00，賣出54.50

撮合結果

買方累計	買方張數	買賣價位	賣方張數	賣方累計
		⊕ 57.50	94	162
		57.00	36	68
		56.50	25	32
		56.00	7	7
10	10	55.50		
10		55.00		
67	57	54.50		
67		54.00		
97	30	53.50		
97		53.00		
196	99	52.50		
196		52.00		
218	22	51.50		
223	5	51.00		
256	33	⊖ 50.50		

成交價56.00
買進55.50，買進量10張，賣出56.00，賣出量7張

買方成交
185張計算
162
＋ 23
185

未成交
7張計算
20
－ 13
7

賣方成交
185張計算
15
46
55
20
13
3
＋ 20
172
＋ 13
185

我會了，好有成就感。

基本認識篇
股價漲跌篇
選股方法篇
本益比實戰篇

位，並能得知委託買賣是否以最好的價格成交。

右圖範例說明揭露買賣最佳五檔價量情形，買進分別為55.50元10張、54.50元57張、53.50元30張、52.50元99張、51.50元22張，及僅餘賣出最佳四檔，分別是56.00元7張、56.50元25張、57.00元36張、57.50元94張。

盤中瞬間價格穩定措施

為了避免股價波動過鉅，證交所實施盤中瞬間價格穩定措施。

也就是在盤中每次撮合前會試算成交價，當成交價超過最近一次成交價格上、下3.5%時，就延緩該盤撮合2～3分鐘。這段期間電腦系統仍繼續接受買賣申報的輸入、取消及改量作業，同時對市場揭露延緩撮合的訊息，包括試算價格為趨漲或趨跌、最近一筆成交價格、成交股數。等到接收更多委託後，再予以撮合，讓更多投資人共同決定合理價格。2～3分鐘之後，就直接依照集合競價的價格決定原則撮合，這次撮合就不再檢查股價波動是否超過3.5%。

但下列五種情況不執行盤中瞬間價格穩定措施：

1.決定當日開盤價格
2.收盤前10分鐘
3.開盤競價基準為1元(含)以下的證券
4.處置證券
5.認購(售)權證

穩定價格措施範例：

當前次成交價格為54.00元時，於撮合前試算本次撮合的決定成交價格為56.00元，已超過最近一次成交價加3.5%的55.89元，所以延緩該盤撮合2至3分鐘。

延緩期間將接受更多之委託參與價格決定後，再恢復撮合；反之，於撮合前試算的本次決定成交價格為51.00元，已超過最近一次成交價減3.5%的52.11元，也會延緩該盤撮合。

最佳五檔揭露範例

A股票撮合結果

買方張數	買賣價位	賣方張數
	⊕ 57.50	94
	57.00	36
	56.50	25
	56.00	7
10	55.50	
	55.00	
57	54.50	
	54.00	
30	53.50	
	53.00	
99	52.50	
	52.00	
22	51.50	
5	51.00	
33	⊖ 50.50	

成交價	成交量	買價	買量	賣價	賣量
56.00	185	55.50	10	56.00	7
		54.50	57	56.50	25
		53.50	30	57.00	36
		52.50	99	57.50	94
		51.50	22	——	——

Column

投資人可透過網路或洽請營業員代為查詢「最佳五檔」買賣委託價量資訊。礙於證券商營業大廳電視牆或行情揭示板面積及字體大小等限制，投資人僅可觀看撮合後最佳買賣價及其委託量資訊。另外，投資人亦可透過證交所「五檔價量資訊」之免費網站查詢，網址為http://mis.tse.com.tw/ 基本市況報導。

基本認識篇
股價漲跌篇
選股方法篇
本益比實戰篇

第十節
股票交易方式①——現股交易

現股交易就是用現金買賣股票。

不過買股票指的「現」，並不像菜市場買東西一手交錢一手交股票(除了全額交割股之外)，它的流程分爲兩大階段——

第一階段是雙方買賣協議成立，稱之爲「交易」。第二階萬是雙方履行協議，稱之爲「交割」。

依目前的交易制度，簡單的說就是你在買進股票的第三天才要繳錢，賣股票也會在第三天才拿到錢。

有關違約交割

爲什麼不需要在交易成立就付錢呢？

因爲目前的股票買賣交易採取「股券劃撥制度」，也就是說，第三天才是款券交換的日子。那麼誰來保證我不會買了股票因爲行情下跌就「落跑」呢？

一般來說，投資人到證券商開戶券商就會給你一個交易額度(通常是499萬)，除非你一口氣就買了超過這個額度的股票，否則，你只要確定自己的股票在交易的第三天早上9：00以前戶頭內有足夠的錢可以扣繳即可。投資人萬一已經成交股票屆時卻沒有交割(付錢)，那就是常聽到的「違約交割」。這種行爲是會造成個人在信用上的大瑕疵，最輕的被罰三年不能買賣股票，最重的還會處七年以下的有期徒刑。

交易完成後檢查帳戶

現在的股票過戶手續由集保公司統一辦理，所以，你的證券帳戶只會出現數字上的變化，不管是買還是賣股票，投資人到了第三天可以檢查證券帳戶，若出現新買進的股票名稱與股數，就表示那些股票已經屬於你的了。

買賣股票交割流程

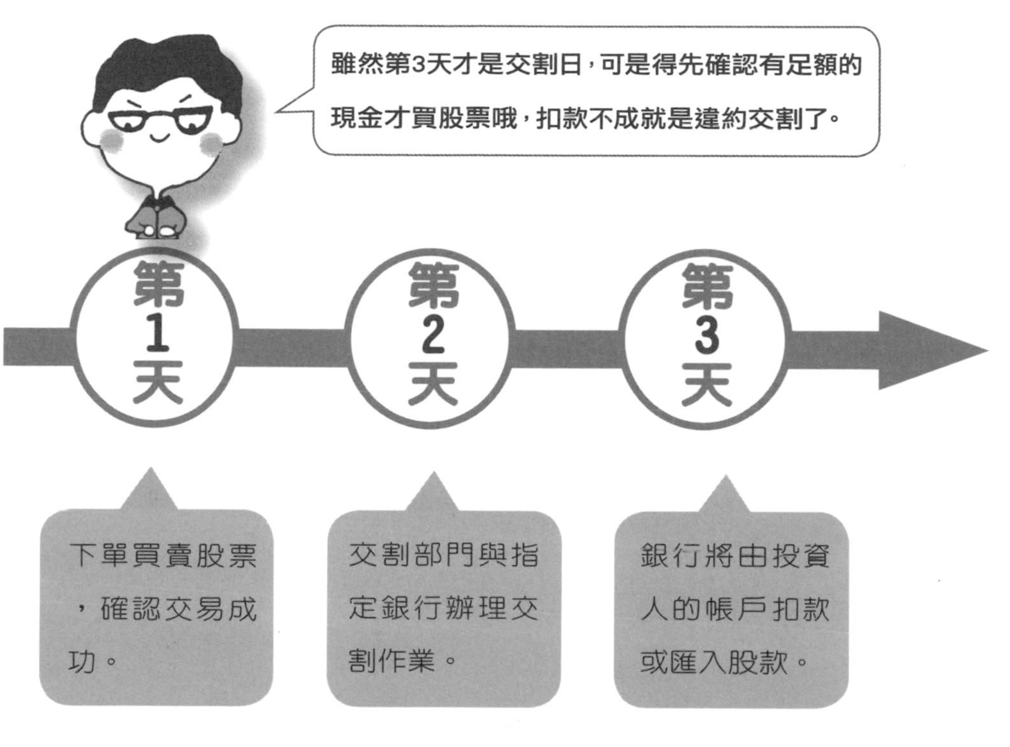

Column

買股票的人交錢，賣股票的人交股票，稱為「交割」。

全額交割股必須以現股、現款交割。買進時需先繳交全額股款經紀商才會接受委託代為買進，賣出時也要先繳交股票經紀商才會接受委託代為賣出。且不接受信用交易。

第十一節

股票交易方式②——信用交易

購買商品或服務之前，準備足額的錢是理所當然的事，另外，要出售股票照道理來說也是應該持有該股票才對。但是，在實際的股票交易中有所謂的「信用交易」，就是對於想買進股票而資金不足的人，或者想賣出股票而缺乏現股的人，給予融通的一種制度。

信用交易——融資

融資就是借錢的意思。

投資人預期未來股價會上漲，但手中的資金不夠，於是繳交部份保證金，向授信機構借錢買股票，抵押品就是所購入的股票，之後再賣出股票，賺取買低賣高的價差　。

如果100元的股票，融資成數四成，即代表：原本購買一張需10萬元的股票，一旦融資則只需要繳4萬元。

融資交易就是用小錢做大投資，但每檔個股可融資的比率不一樣，有些個股融資比率可達到六成(如果交易是100萬，60萬可以向證金公司借得)，有些只能四成，有些體質不佳的股票則不開放融資。

目前(2006年8月)融資利率在6.65%(不同的證金公司利率略有不同)上下，跟存款利率不到2%相比，成本不低，因此，採用融資投資人可得仔細算一算是否值得。

信用交易——融券

融資就是借股票的意思。

投資人預期未來股票會下跌，但手中沒有該股票，於是繳交部份保證金，向授信機關借股票賣出，之後，投資人伺機在市場上買進股票償還，這就是融券。

融券要付出的自備資金大約在股價的九成，也就是市價10萬元的股票，得付9萬元給證金公司才能借股票來賣。

現股交易、信用交易

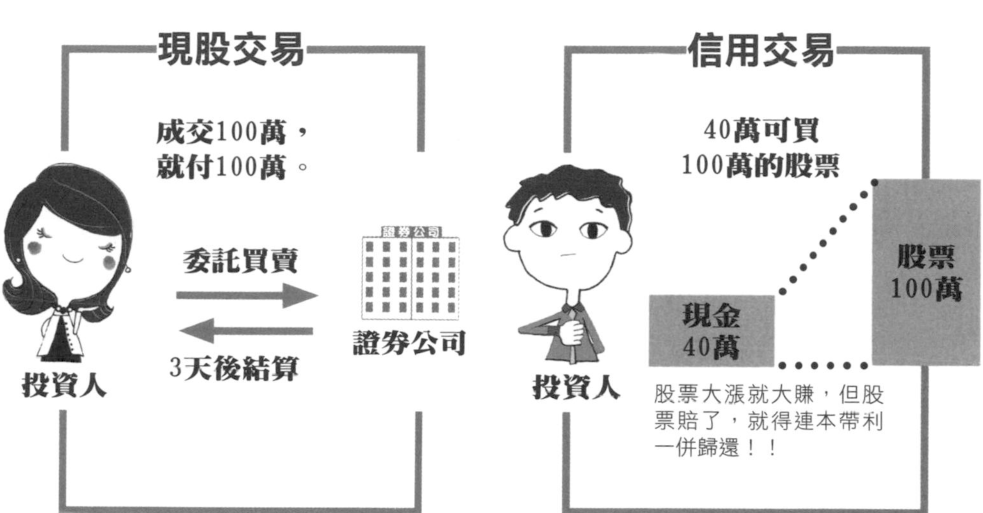

基本認識篇

股價漲跌篇

選股方法篇

本益比實戰篇

Column

什麼是斷頭？

若因融資股票跌幅過鉅，使得融資維持率低於標準，券商追繳保證金，若投資人又無法如期繳交，券商就會在市場上拋售此股票，收回融資借款及相關費用後，將餘款還給投資人。這就是斷頭。也就是證交所替投資人設立的法定停損點。

買股票當然是希望股價能上漲，但是，總不會股市天天漲吧！所以，當股市空頭氣氛濃厚時投資人要靠買股票賺錢就很難，所以只有靠「融券」先賣再買這種方式才有機會增加獲利。

信用交易——當日沖銷

當日沖銷簡稱「當沖」，指投資人於同一個交易日買進、賣出同一種股票。

理論上當沖交易應該是現股當沖或融資當沖都可行，不過，目前國內只開放融資當沖交易，所以，在法令尚未通過之前，只要是當沖，就是融資買進融券賣出兩個買賣部位的結合。

由於融券賣出有些股票會有低於平盤以下不得融券放空的限制，所以，當沖當易之前得先確定該檔股票是有有開放融券交易。

當沖交易除了一般股票交易的手續費與稅外，還要付證券公司額外的當沖費用，加總這些額外的費用成本驚人，而且，既是是「當沖」就是當天進出，勢必交易頻繁。再加上如此超短線的行情評估並非易事，所以要玩當沖的人得花工夫研究並得有相當的經驗。

如何申請信用交易

第一次接觸股票的人大都很疑惑：我又沒有任何抵押品，是誰提供我信用交易？這個答案當然就是你所開戶的證券公司！至於抵押品，就是你所買的股票或借賣股票所繳交的保證金。

過去，政府只規定只有復華證券金融公司可以提供這種服務，但現在市場開放，幾乎是每一家證券公司都可以辦理信用交易。

開立信用交易是有條件的，因爲這涉及向授信機關借錢，而且證金公司也需要債權擔保。如果投資人並沒有任何擔保品與財力證明，最初階的條件是只要開戶滿三個月、進出10筆、金額總計在100萬以上，一般大約可以有50～100萬的融資額度。

信用交易操作模式

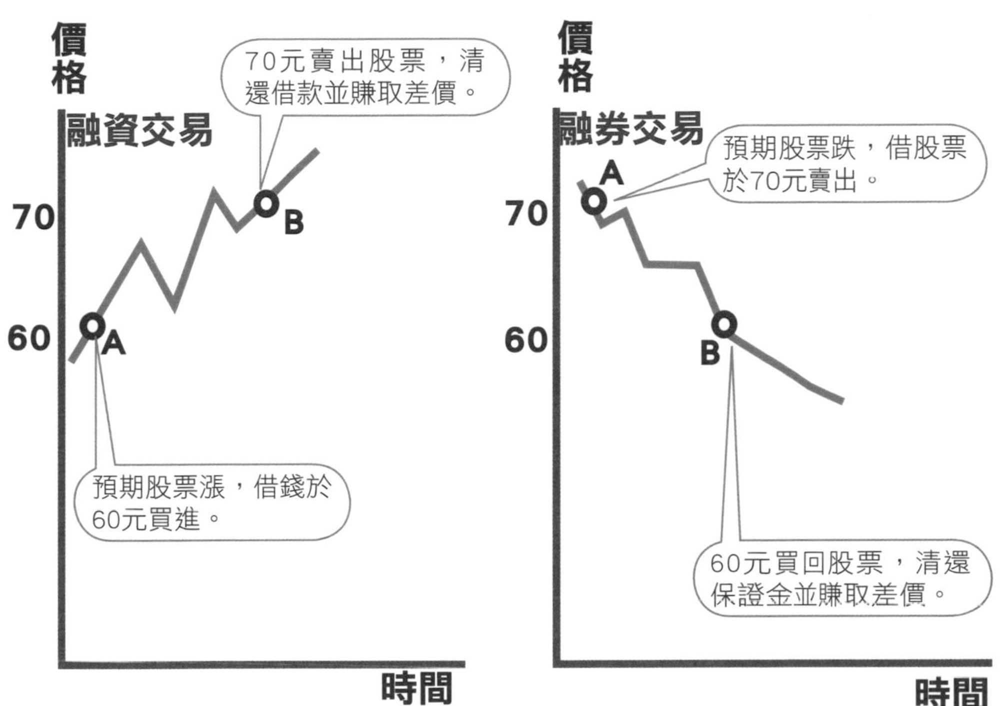

Column

申請信用交易的條件

1 開戶滿三個月(假設您以前有在別地方開過戶，就可以拿此作證明)

2 一年內有十筆以上的交易紀錄(不限定是哪一家券商的紀錄)

3 達到相關融資等級的交易紀錄(一年內才算)

4 財力證明(影印銀行存摺或是房屋稅單均可)

第十二節

信用交易之迷人＆恐怖檔案

用小資本做大生意是信用交易的特色，除了股票之外，外匯保證金、權證與期貨買賣都屬於高財務槓桿的金融商品。一般說來，愈年輕可承受風險愈高，可運用的財務槓桿倍數愈高。然而，潛在的高報酬對應的另一面勢必是高風險。

本文我們假設手頭有100萬現金，連續6個交易日漲停與跌停為例，試算投資結果的變化情況。

信用交易之迷人檔案

以100萬現金投入股市，現股交易只能買進100萬的股票；若是信用交易額度是六成、自備款四成，也就是100萬的現金，可以買250萬(100÷40%)的股票。

國內股票有漲跌7%的限制，因此，如果連續六天漲停，100萬的現金現股交易六個交易日下來100萬變成149.8萬，以整數150萬計。跟採用信用交易六個交易日變成225萬。兩者之間相差了75萬。(見右圖)

信用交易之恐怖檔案

融資雖然「賺」很快，但極度的不耐震，由次頁的計算方式就可以看出，萬一運氣不好，連續碰6個跌停板，六個交易日100萬就只剩12萬！

很可怕吧！

或許你以為行情沒有那種天天跌的啦！！況且，大家都是成年人了，難道「跌」痛了，還不知道要跑嗎？

小心，這可不只是數學公式，這種歷史經驗國內就發生過，79財政部部長郭婉容宣布證交稅恢復課徵，股市就連續長黑了19天，在之前股市多年的多頭市場，投資人信用交易相當普遍，因為「承平盛世」大家都習慣了融資賺快錢，沒想到，會遇上跌到暗無天日的日子；近年網路股泡沫化，大盤指數下跌曲線也跟自由落體無異。

範例：本金100萬多頭市場時……

（採小數點以下一位無條件捨棄法計算，單位『萬』）

現股交易

股市漲跌	股票帳面變化	賺OR賠	100變成
第一天漲停	100×7%	賺7	100＋7＝107
第一天漲停	107×7%	賺7.4	107＋7.4＝114.4
第一天漲停	114.4×7%	賺8	114.4＋8＝122.4
第一天漲停	122.4×7%	賺8.5	122.4＋8.5＝130.9
第一天漲停	130.9×7%	賺9.1	130.9＋9.1＝140
第一天漲停	140×7%	賺9.8	140＋9.8＝149.8

信用交易

股市漲跌	股票帳面變化	賺OR賠	100變成
第一天漲停	250×7%	賺17.5	100＋17.5＝117.5
第一天漲停	267.5×7%	賺18.7	117.5＋18.7＝136.2
第一天漲停	286.2×7%	賺20.0	136.2＝20.0＝156.2
第一天漲停	306.2×7%	賺21.4	156.2＋21.4＝177.6
第一天漲停	327.6×7%	賺22.9	177.6＋22.9＝200.5
第一天漲停	350.5×7%	賺24.5	200.5＋24.5＝225

連漲六個停板

融資多賺了 75 萬！

停損？談何容易！

此外，手頭只有100萬融資大舉敲進的投資人，第一天賠了17萬通常會說「免驚免驚」。第二天再賠16萬，會想「沒事、沒事，幾天就漲回來了」；第三天又賠15萬，大概會再回頭翻翻財報，自我安慰「我可是把這家公司研究到滾瓜，連他家倉庫還有幾箱存貨都算透了，自己選擇的企業沒那麼糟吧，再等等……」

第四天、第五天、第六天……

如果股市眞的長跌不休，若非被斷頭出場，投資人何時才願停損呢？

信用交易跟現股買賣不同，基本面良好的公司，短期波動或受大環境因素影響導致股價不理想時最大限度，不賣，就沒事；可是信用交易有保證金追繳與斷頭的壓力，不能放著不管。在這種金錢壓力下投資人在做判斷時就容易情緒化。不過，如果能夠好好的管理資金，信用交易的確是以小博大的一項利器。

當沖，當心衝過頭

在股市交易中，當沖的交易模式是比較投機的行爲。

當沖交易並非完全不好，在股價波動甚鉅時它是很好的避險方式。但市場行情開始熱絡的時候，總會吸引投機客做這種極短線的操作。

若自忖EQ不高，那就千萬別玩也別懂，因爲那種短期高獲利的預期心理很容易讓人不小心就沉迷了。

挑股本大不容易跳空跌停或跳空漲停的股票，可以降低當沖交易的風險。但是實際上玩當沖的人，總希望股價波動愈大愈好，如此才有機會賺到價差，因此，如果要做當沖，一定得事先把家庭財務中有多少閒錢算好。建議你買本「我的財務報表」，像企業一樣管理自己的資產，掌握住家計中眞正的「閒錢」，才有機會安全的賺到「快錢」。

以前國內股市上櫃股票不能進行當沖交易，但現在開放了，上櫃股票相對來講波動較大，投資人不可不愼。

範例：本金100萬空頭市場時……

（採小數點以下一位無條件捨棄法計算，單位『萬』）

信用交易

股市漲跌	股票帳面變化	賺OR賠	100變成
第一天漲停	250×7%	賠17.5	100－17.5＝82.5
第一天漲停	232.5×7%	賠16.2	82.5－16.2＝66.3
第一天漲停	216.3×7%	賠15.1	66.3－15.1＝51.2
第一天漲停	201.2×7%	賠14.0	51.2－14.0＝37.2
第一天漲停	181.7×7%	賠13.0	37.2－13.0＝24.2
第一天漲停	174.1×7%	賠12.1	24.2－12.1＝12.1

連跌6個停板，6個交易日

100萬→12.1萬！

Column

跳空漲停就是當天股票一開盤就以漲停價開出。比方說某一檔股票前一個交易日收盤價是60元，下一個交易日一開盤就是漲停價64.2元。

跳空跌停的意義也一樣。

第十三節

內線交易是什麼

證券市場如果沒有保證公正和健全，投資人就不會參與市場，這是很簡單的道理，而攪亂股市最常見的行爲就是內線交易。

內線交易不但損害市場公正性阻礙市場的發展，同時是違法行爲。

內線交易，認定困難

內線交易典型例子就是公司內部工作人員利用職務之便，事先得知影響股價的重要情報並在情報公佈之前先進行買進(或賣出)從中獲得收益。

像這樣利用只有少數人知道的情報來賺取利益的行爲，證券交易法上是被禁止的。

違反證交法被起訴的案例並不多見，像轟動全台的「台開內線交易案」，即使檢調聲勢浩大的收押涉案人、開庭審理……不過舉證與認定還是十分困難，但身爲投資人的我們，還是要了解什麼是內線交易？

誰是「內部人」？

內線交易規範在證券交易法第157條之1。用白話文歸納一下條文，就是當以下所述的五種人得知發行股票的公司有重大影響股價的消息，而且在還沒有「公開之前」，就在股票市場上買入或賣出，就有可能涉及內線交易。

第一種：公司董監事、監察人、經理人及依公司法第27條第1項規定受指定代表行使職務的自然人。

第二種：持有該公司的股份超過百分之十的股東。

第三種：基於職業或控制關係獲悉消息的人。

第四種：喪失前三款身分後，未滿六個月者。

第五種：從前四款所列的人獲悉消息的人。

而所謂的「公開之前」，指的是重大消息還沒有公布或公開12小時內。

內線交易破壞市場的健全與公正

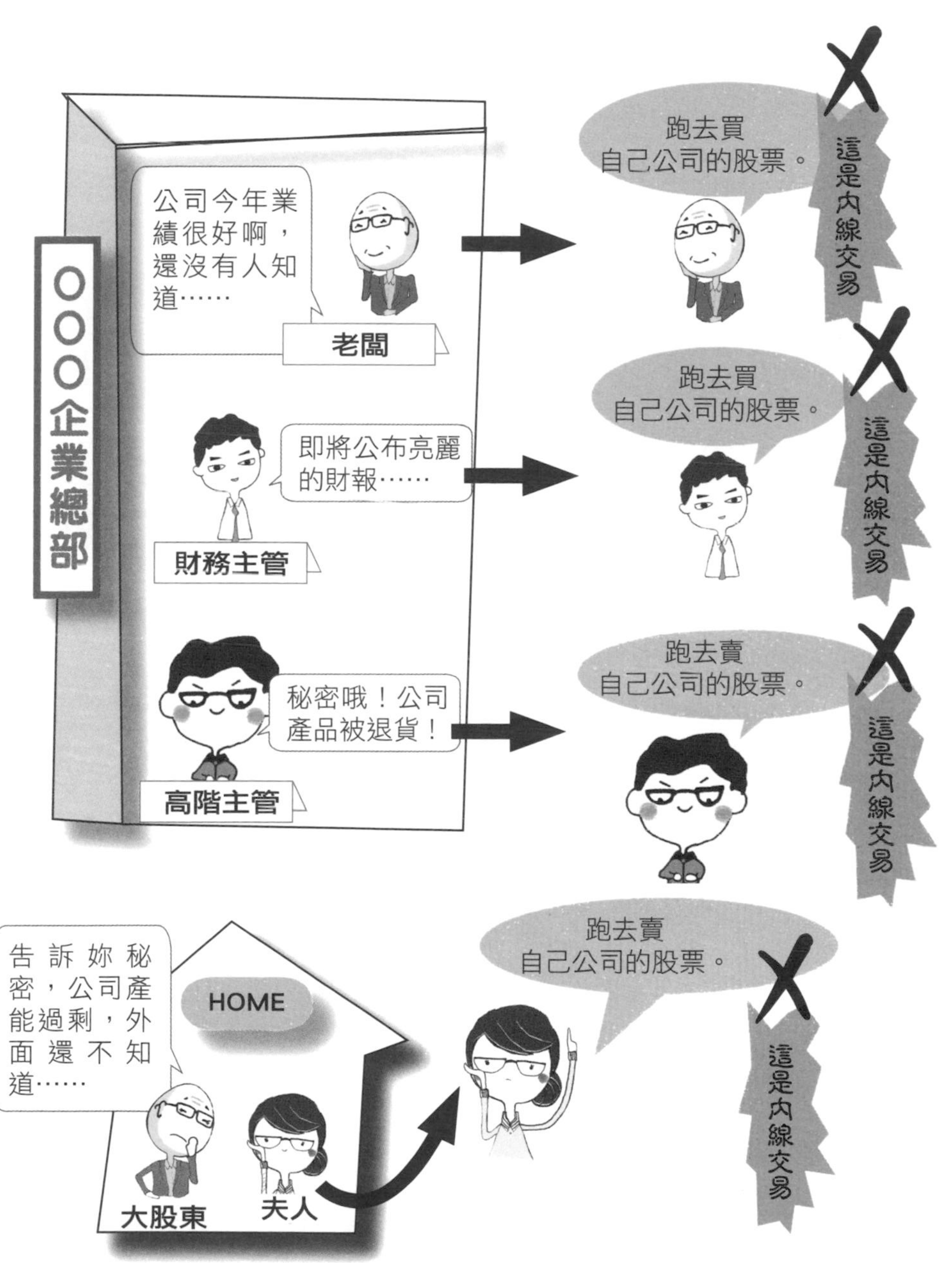

第十四節

股價指數與權值股

股市裡常聽到「大盤走勢」如何如何……，這個「大盤走勢」指的就是「發行量加權股價指數」。

大盤指數是很重要的經濟指標，是國家總體經濟趨勢的一面鏡子。

由於股價指數是以發行股數加權計算，所以股本較大的公司對指數的影響會大於股本較小的股票。比方說台積電(股本2472億)漲1元對指數的貢獻度就遠超過茂迪(股本8.2億)漲1元的貢獻度。

指數的計算方式

股價指數是由台灣證券交易所所編算出來的。證交所除了編算大盤指數，也編算各類股股價指數，其計算方法都是以樣本中各股票的發行股數當作權數，再乘上股價，先計算出市價總值，再跟基期比較以算出指數。台灣大盤指數是以1966年的股票市值爲基期(設定爲100點)。

計算公式是：

當期總發行市值／基期×100

大盤指數除特別股、全額交割股及上市未滿一個月的股票外，其餘皆包含在採樣中。

台灣50、台灣中型100指數

投資人在看盤的時候，除了觀察「大盤指數」走勢外，也可以參考「產業分類股價指數」。顧名思義，這個分類股價指數採樣樣本僅限於某一種產業。證交所目前所編算的產業分類股價指數計有水泥窯製、食品、塑膠化工、紡織纖維、機電、造紙、營造建材、金融保險等分類股價指數。

另外，媒體上常聽到的「台灣50指數」又是什麼呢？

簡單來說，就是根據國內股市總市值(期末股本×股價)最大的50家上市公司爲採樣的加權股價指數。

加權指數的計算方式

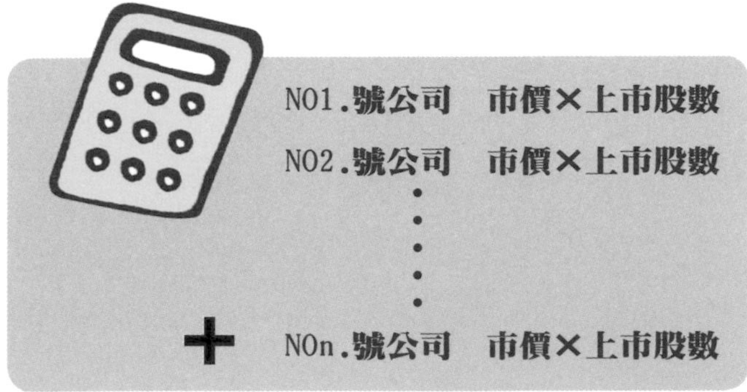

= 市價總值

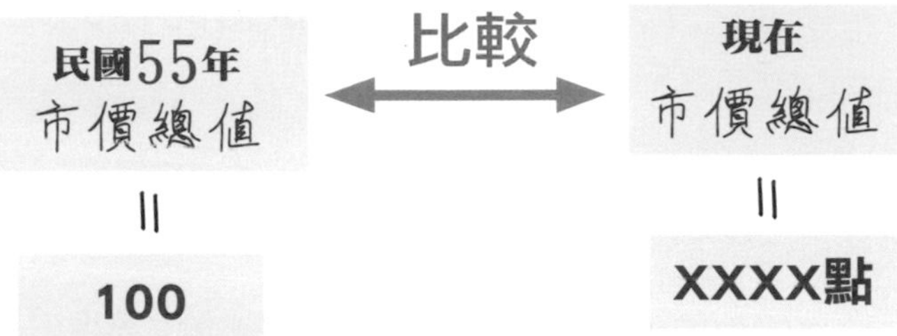

＝ 100　　＝ XXXX點

Column

什麼是「摩台指」？

摩台指的全名叫「摩根台灣指數」。它是由國際性指數編纂公司MSCI(摩根史坦利)採取在台灣證券交易所上市交易的91檔股票為樣本進行資本加權所編算的。其中包括大、中、小型企業股票。

全球所有基金經理人投資全球股市大都會參考MSCI的指數。這家公司所編纂的指數除了台灣人所熟知的摩台指之外，像是MSCI全球指數、MSCI新興市場指數都有相當影響力。

爲什麼要編列「台灣50指數」？

因爲大盤指數的採樣是全部的上市公司，其中有很多是交易量極低體質也不健全的公司，爲了健全金融體系也考慮到避險投資人的要求，所以有了台灣50指數。而這個指數的成份股也不是永遠不變，證交所每一季都會由獨立委員會進行審核並進行調整以貼近市場。投資人可以上證交所網站找到最新的台灣50指數成份股。此外，證交所還有「台灣中型100指數」它的成份股是依上市公司股票市值第51名到第150名共100檔股票作爲成份股。

舉足輕重的權值股

股價指數是由許多股票的價格以加權平均法計算出來的，這些股票均稱之爲是該股價指數的「成份股」，在成份股中，佔股價指數權值較重的股票，稱之爲「權值股」。

以2006/7/31的大盤指數爲例，前五名的權值股分別是：台積電、鴻海、國泰金、中華電、台塑石化等。

光是以上五檔的權重總和就佔大盤指數的24.41%。（見右圖）因此，指數要大漲，權值股上不上漲的影響很大，所以英文的權值股就是weighted stock，也就是「具有份量的股票」。

主力進出政府拉抬的標的

因爲權值股股本大，適合資金大的主力進出，一般外資的資金部位都不小，所以當外資購買台股時喜歡買權值股控盤。一方面股本大進出容易流通性高風險相對低，不會有小型股容易跌停鎖死的情況，二方面也可以期貨、現貨賺兩邊。所以，當外資大買權值股時也常被解讀爲股市眞正要起漲的時候了。

此外，當股市遇到重大利空消息打擊時，各產業的龍頭股與權值股也是政府護盤的重點，當然，保守的投資人也偏愛權值股，雖然漲不容易大漲，但跌也不容易大跌。

範例：國內50大權值股 (資料：95年7月31日)

公司代碼名稱	市值(百萬元)	佔大盤比重(%)
2330台積電	1,415,105	8.93%
2317鴻海	795,391	5.02%
2882國泰金	596,882	3.77%
2412中華電	581,758	3.67%
6505台塑化	523,465	3.30%
1303南亞	345,652	2.18%
2303聯電	339,214	2.14%
2498宏達電	317,713	2.01%
2002中鋼	290,714	1.83%
2409友達	274,910	1.74%
1301臺塑	258,565	1.63%
2454聯發科	257,919	1.63%
1326臺化	254,138	1.60%
2886兆豐金	244,611	1.54%
2357華碩	223,749	1.41%
2881富邦金	199,925	1.26%
3009奇美電	191,040	1.21%
2891中信金	180,814	1.14%
2308台達電	173,902	1.10%
2382廣達	152,106	0.96%
3045台灣大	150,343	0.95%
4904遠傳	140,771	0.89%
2888新光金	138,732	0.88%
2892第一金	136,632	0.86%
2880華南金	134,031	0.85%

公司代碼名稱	市值(百萬元)	佔大盤比重(%)
2354鴻準	132,945	0.84%
2311日月光	131,271	0.83%
2883開發金	130,710	0.82%
8046南電	126,664	0.80%
2301光寶科	117,484	0.74%
2890建華金	115,290	0.73%
2324仁寶	107,864	0.68%
3474華亞科	105,772	0.67%
2353宏碁	103,144	0.65%
1402遠紡	101,155	0.64%
2801彰銀	100,999	0.64%
2474可成	98,371	0.62%
2325矽品	90,828	0.57%
2887台新金	87,901	0.55%
1216統一	86,536	0.55%
2408南科	85,929	0.54%
5854合庫	85,624	0.54%
3034聯詠	83,749	0.53%
3008大立光	79,084	0.50%
1101台泥	71,661	0.45%
8078華寶	67,467	0.43%
6004元京證	66,509	0.42%
2884玉山金	63,962	0.40%
2912統一超	62,688	0.40%
9904寶成	60,873	0.38%

2章 058～095

price

誰影響股價
投資人的買點與賣點

股價漲跌篇

大環境如何影響股價漲跌？

那些指標是股市用來預估股價變動的工具？

股價圖透露出什麼投資密碼？

第一節

影響股價走向的總體因素

股票市場是反映經濟與社會各樣狀況的一面鏡子。

影響股價的因素是多元而變動的，但大體說來影響最大最重要的是企業本身的收益（利潤）狀況，包括公司的當前利益、未來利益、營運構想、長期成長的情況等，這部份在第三章討論，本節就概略性的歸納除了企業內部營運之外的因素。

把影響股價的因素分類，可分爲三種：「經濟因素」、「非經濟因素」、「市場內部因素」。

經濟與非經濟因素

經濟因素就是行情走向、金融態勢、財政收支、物價、匯率、技術革新、海外經濟狀況和國際股市等。

經濟復甦、國內利息下降、物價上升和強權國家經濟好轉等是股價上升的原因。

非經濟因素指的是國內、外政治狀況、國際糾紛、災難和恐怖主義等。政局不安定、戰爭的爆發和恐怖主義事件等是股價下跌的原因，兩岸政策與互動的情況也直接影響股價。

「經濟因素」和「非經濟因素」不一定與企業的營運有直接關係，但卻間接對股價造成影響。

市場內部因素

與經濟因素相對的，就是市場的內部因素直接給股價造成的影響。

這種因素是機構法人投資者的動向、交易規則、稅制、企業增資等。所謂的機構法人主要有外資、投信、自營商、及財團法人。因爲這些從事證券買賣的法人買賣數量大，而且有專業人員爲其分析判斷，其動向是影響股價漲跌的因素之一。

因爲影響股價不是單一理由，所以權衡各種各樣的因素，客觀地進行分析是很重要的。

經濟因素、非經濟因素、市場內部因素

股票市場的外部因素

- 國內、外政治動向
- 世界經濟景氣循環
- 企業營運業績

股票市場內部因素

- 投信、自營商、法人買賣動向
- 外國投資者的買賣動向
- 股市規則
- 企業增資 減資

	正面因素	負面因素
內部因素	企業增資、庫藏股、機構法人、外資的買超。	不利股市發展的法令。
外部因素	利率低下、經濟活躍。	經濟停滯、新台幣堅挺（因為台灣以出口企業較多）

第二節
使行情波動的供需關係

即使過去沒接觸過股價，但你一定聽過「行情」，尤其是媒體特別喜歡用股市行情、匯率行情、商品行情這類字眼，所謂的「行情」，大體分成三種意思：

1 交易的價格，也就是市價。

2 不採用實物交易，而是利用價格變動的投機交易。

3 常規和評價。

股價漲跌是供需的結果

行情（股價）每日每刻都在變化。雖然企業業績和經濟狀況沒有發生瞬間的變化，但股價卻一直在變化。

供需是決定市價的全部因素。

比方說，受颱風影響青蔥供給量下降，價格上漲；農夫種太多芒果收成太好，芒果價格就下降。

相同的道理，股價也是由需求（購買）和供給（出售）的關係決定的。相對於賣出，買進的人多股價就會上升；相對於買進，賣出的人多股價就會下降。

每天股價變動的最大原因是投資者的委託購買和委託賣出在時時刻刻發生變化。

蒐集並研判供需關係

有新技術開發計畫的企業和業績創新高的企業，股票會吸引很多投資者，委託購買就會增加，股價也會跟著上升。

發生了國際紛爭或政治不安定的時候，經濟走向不穩，投資者就會控制股票投資，對股票的需求減少，股價就會陷入低迷狀態。

外資和國內大型基金投入的話，股票投資金額會增加，股價就上漲。

股價就像這樣由供需（供給和需求）關係來決定。對投資人而言，蒐集供需關係變化資訊，是投資成功相當重要的關鍵。

供需決定股價

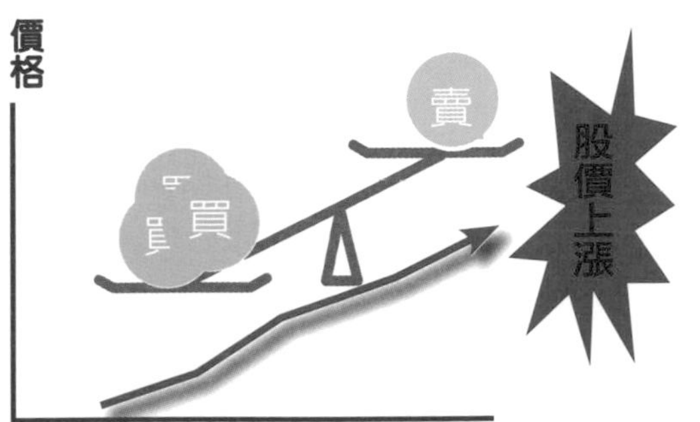

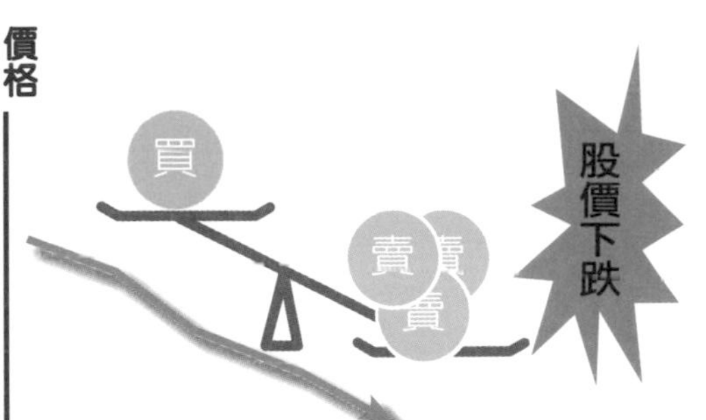

想賣的人多，想買的人少，價格下跌

Column

股價並不影響公司內部的營運。

簡單來說，假如企業有一仟萬，股價上漲了50%，公司還是有一仟萬；股價下跌了，公司還是有一仟萬。

第三節
利率對股價的影響

一般說來利率上漲，股價下跌；利率下降，股價上漲。

用一個簡單的記法是：股價與利率是「天敵」。

利率上升效應

當利率上升，企業從金融機構借入資金就得增加支付利息，如此一來，營運獲利被利息支出所壓縮而變小，利潤變小分紅就少，投資人買進的意願降低，於是股價下跌。

另外，利率上升使得企業借貸資金用於設備投資擴展營運的意願相對減少，造成的結果將使得企業成長停滯、業績無法突破，連帶的加班費和業績獎金也就減少……。個人所得減少了，個人的消費支出也就減少……。經濟整體活力呈現疲弱。投資人身上沒有多餘的錢，投入股票的資金變少，股市也就冷冷清清了。因爲股市冷清賺不到錢，投資人就會想把辦法把多餘的錢尋求另外的途徑。

試想銀行利率很好，你還會有很高的意願把錢投入未知的股市嗎？把錢存進銀行或郵局，可以獲得安全可靠的利息，相對的將閒錢投入有下跌風險的股票投資的意願也就減少。

此外投資者對於向金融機構借入資金進行股票投資的意願，也會因爲要支付較高的利息而減少。整體股市買氣減落的狀況下，股價也就下跌。

利率下降效應

相反地，如果利率下降，企業支付的利息就會減少，利潤就會增加。嫌錢多了，存款獲息不如買股票獲利，投資活力提振，經濟整體上呈現一片活躍氣象。企業的剩餘資金和個人資金會流入股票市場，股價就會上升。

利率和股價有著密切關係，所以投資股票的人必需關注對利率有影響的金融政策。

利率是股價的天敵

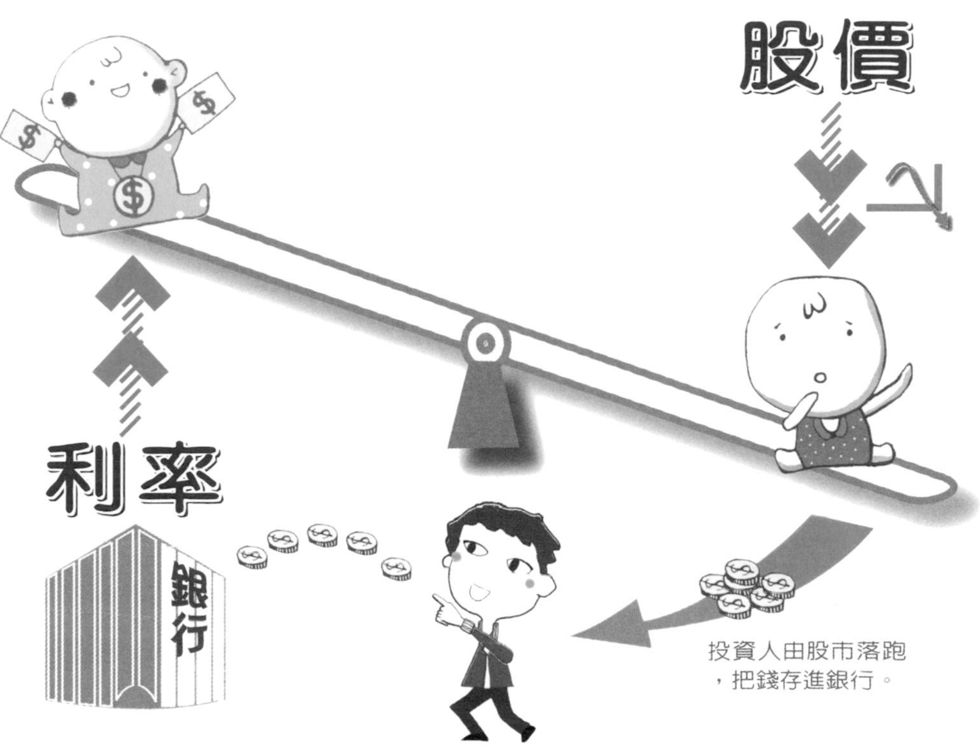

Column

本節所指的利率是：

1公定利率：央行銀行貸給其他銀行的利率。

2長期利率：10年以上長期國債利率。

3短期貸款利率：銀行間短期借貸利率。

第四節

匯率對股價的影響

台灣目前被稱爲經濟支柱的企業多以外銷獲利爲主，又產業原物料的獲得則多仰賴進口；而進、出口結算多採美元計，因此匯率變動就直接牽動著了台灣企業的獲利能力。

匯率如何影響企業及股價呢？

可以由「進貨」與「銷貨」這兩方面來了解。

匯率影響企業的營收

當新台幣匯率走強(貶值)時，企業的進貨成本減少，獲利能力提升，有利股價上漲；當新台幣匯率走軟(升值)時，進貨成本提高，獲利能力降低導致股價下滑。

與進貨成本剛好相反，當新台幣匯率走軟，銷售額因匯差而增加，有利於股價上漲。新台幣匯率走強，銷售額因匯差下降股價下滑。

比方說，匯率是1：35的時候，企業從海外進口100萬美元的原物料，需要3,500萬元新台幣。但匯率是1：33，只需3,300萬元新台幣。

不過，就出口產業而言，還要考慮貿易競爭對手國匯率的變動情況如何。此外，升、貶值的速度是緩慢的？還是快速的？也是影響企業收益的重點。通常，如果匯率屬於緩慢升或緩慢降的情形，對產業影響就不大因爲企業有時間可以做好因應匯率變動的措施。

歷史數據：台幣升值股市漲

根據國內一家投信公司的統計，在開放外資進入台股後的近十年，股、匯市有相當高的相關走勢。近十年匯市大幅升值有三次，三次的升值幅度在6%以上，而同期股市平均漲幅是54.17%；而十年來三次的新台幣貶值幅度在8%到16%之間，同期股市則下挫了近40%。

匯率變化效應

台幣走強(貶值)
1美元：33元新台幣

台幣走軟(升值)
1美元：35元新台幣

物料進口

成本減少

支付　US100萬
=支付　NT3300萬

股價上漲

成本增加

支付　US100萬
=支付　NT3500萬

營收減少

收入　US100萬
=收入　NT3300萬

股價下跌

營收增多

收入　US100萬
=收入　NT3500萬

Column

大部位的外資法人機構，買賣股票大都依據基本面選股，再做長期的操作，而且考慮的方向不止是持有企業的本身，除了匯率外，還可以用期貨來作避險或套利；比方說，表面上外資雖然在台股做多單，但可能同時已經在期貨市場佈空單，只等時機成熟，就把手中的持股賣出，一方面獲利了結，而投資人一看到外資大賣也常跟著賣出，股價就嘩啦嘩啦的下跌，如此，大盤下跌後已佈局期貨空單的外資就等著坐收漁利。

第五節

股價與成交量

成交量是指證券交易所完成交易的總額，也叫「交易量」，它和加權股價指數同樣都是人氣度的代表性指標。

成交量計算方式

如果掛單賣出的有10億股、掛單買進的有3億，那麼可以成交的會有3億股票，於是揭示「成交量」爲3億股票。換句話說，當揭示「成交量」爲10億股票，就表示掛單賣出的有10億股成交，而掛單買進的有10億股成交，交易成功的股數就是10億股。

通常，股價上升的時候成交量也會增加；股價開始下跌的話，成交量就會減少。所以股市有句話叫「量先價行」，也就是說在股價要起漲之前，通常會看到量先放大。

所謂「量」代表的是某一檔股票或大盤每天的成交值。例如，某一檔股票價格是50元，當天的成交張數是100張，當天的成交總值就是1仟萬(50元×1000股×200張)元。(爲什麼是200張呢？因爲買、賣雙方各100張。)

當這檔股票漲到100元一股時，如果成交總值還是維持1仟萬，代表當日成交的張數只有50張，這表示股價貴了，買得起或看好的人變少了。如果是這種情況的話，大約可以判斷，未來行情可能會進入盤整或下跌。

反過來說，如果即使股價貴了，每天還是維持有100張的成交量，也就是成交總值是2仟萬(100元×1000股×200張)，那表示雖然價格貴，但還是有人願意花錢買，後市看來漲的成份就很高。

查看成交量只要上網進入股市報價系統，都可以看到每天的加權股價指數、成交金額、成交張數等等資訊。你可以蒐集這些價、量的情報自己判斷，假如今天收盤指數6411點，成交金額573億，成交量2.4萬張，再過一個

成交量是怎麼跑出來的

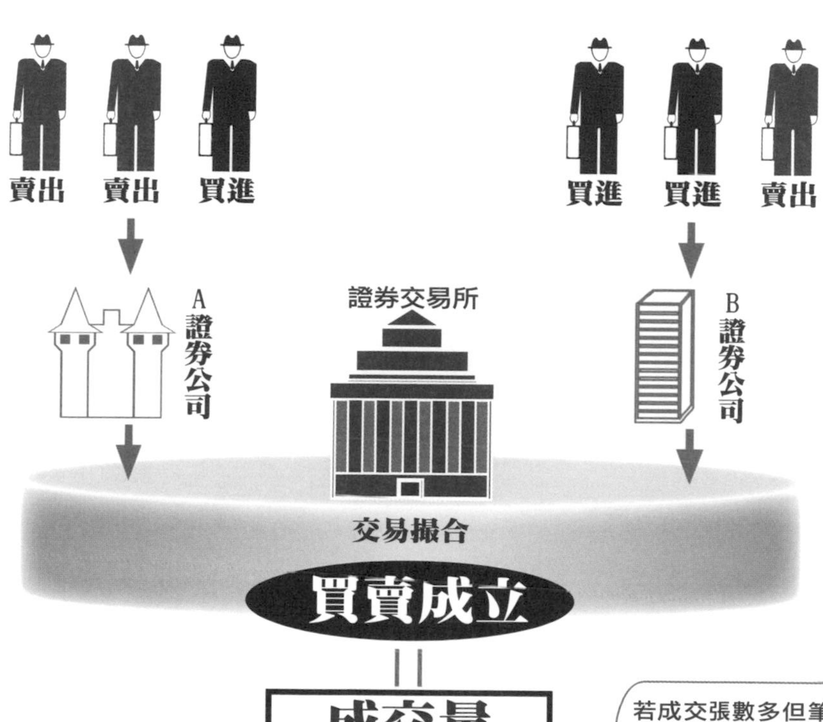

加權指數及成交量分析 95/08/01 13:31

加權指數（含金融）	6441.46	
	13.12	
	-0.20%	
加權指數（未含金融）	5237.94	
	-9.20	
	-0.18%	
成交金額	573.55 億	
委買筆數	465,289	
委賣筆數	480,849	
成交筆數	466,313	
委買張數	3,578,224	7.7
委賣張數	3,677,835	7.6
成交張數	2,440,079	5.2

買家數	7/ 6	7/ 6
賣家數	22/ 16	22/ 16
內外家	568/547	568/547
漲家數	414/ 8	414/ 8
跌家數	543/ 3	543/ 3
平家數	158/ 25	158/ 25

就是大盤指數

又稱成交量

一筆，可能是1張、10張或或千張……

成交的張數

若成交張數多但筆數少可能就是有大戶或法人進出。因為法人一筆單可能是以百張計，散戶常為個位數或幾十張。

月，如果收盤指數是7000點，成交總值是573億，成交張數如果還是2.4萬張，那表示即使現在股價貴(因爲指數變高)了，但現在還是有人願意把錢拿出來買股票。未來，股票就有機會漲。這就是利用成交量來判斷股價的一種方式。

價量配合

前文我們提到，股價波動取決於市場的供、需。

當股價上漲趨勢時，投資人會期待股價持續上升（看漲），想要買進股票的投資人增多，同時過去以低買到股票的投資人想著賣出手中的股票獲利了結，因此想買進和想賣出的人就在交易所大量地委託買賣，成交量就增加了。

這樣的效應像個迴圈，使股市熱絡。股價也就會上探一段時間，直到想要獲利了結的賣單多了漲勢趨緩進入了股價盤整，直到新的「利空」或「利多」因子導入，股價才會再次發生較明顯的漲跌幅。

股價下跌趨勢時，投資人會擔心股價下跌不止而急於拋出，自然也就不會掛單買進，股市買進掛單減少，成交量也就減少了。

價量背離

在多頭市場看到的情況是成交量與價格同向增加；在空頭市場看到的情況是成交量與價格同向減少。但在另一方面，當多頭到達頂點股價在高點持續延伸但成交量反而開始減少，這是因爲投資人對價格過高產生疑慮，而這種觀望的態勢儘管價格仍舊能迭創新高，可是成交量不但沒有同步跟進反而減少，這很有可能就是行情要反轉的趨勢。這種「價量背離」的時間通常很短，因爲隨之而來的，可能就是觀望的人認爲利多的能量已經釋放完畢，是要獲利了結的時候了，此時悲觀的氣氛漸漸出現，成交量又隨著股價下跌而漸漸縮小，又呈現價量配合的情況了。

右圖的曲線是成交量與價格的關係，可以自己做記錄判別股票所處的市場循環。

價與量的關係

情況一

指數	1個月前	1個月後
	6441	7000
成交金額	573億	573億
成交張數	2.4萬張	2.4萬張

情況二

指數	1個月前	1個月後
	6441	6000
成交金額	573億	573億
成交張數	2.4萬張	2.4萬張

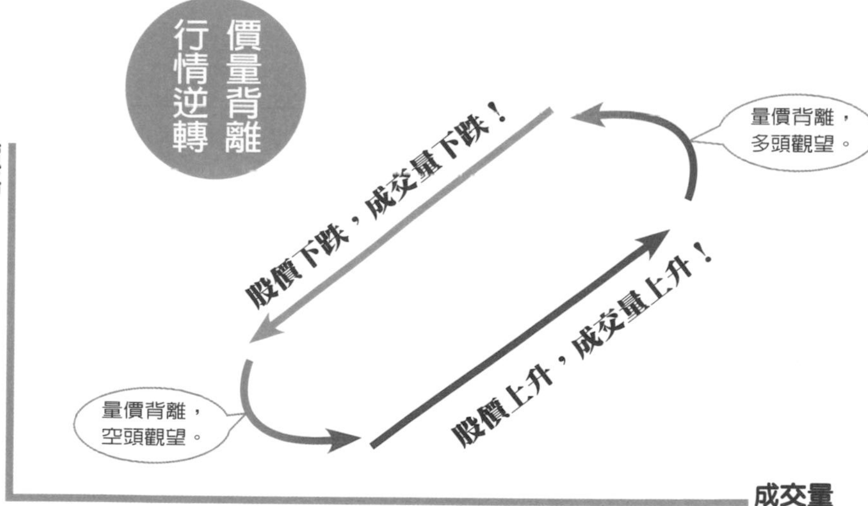

第六節

判斷行情的指標

我們經常說「景氣好」、「景氣不好」，但如何爲「景氣」尋得參考指標呢？

觀察行情動向有很多種指標，最常用也最重要的有：GNP/GDP、CPI、貨幣供給額、外銷訂單金額及年增率、景氣動向領先指標……等等。

對於初初接觸股票的人一下子可能會「好麻煩」，不過投資股票這些指標至少得了解這些指標跟股票之間的關係。

股價早景氣反應6到9個月

跟所有的「指標」相比，股票往往比這些指標早半年反應。也就是說，當整體景氣有復甦預兆時，投資人就會想「未來景氣復甦，股價即將上升」就儘量在便宜時買進股票。

相反的，經濟出現不好的預兆時，投資人就會想「經濟會更不景氣，股價會下跌」就在股價還高的時候賣出股票，這就是股票比實際景氣預測指標早6～9個月的原因。

因此，實際上常常是經濟景氣指標看起來一片榮景時，股價已開始走下坡。所以，比其他投資人早一步捉住景氣的動向非常重要。

景氣好股價就好

景氣連續的變動，一段時間景氣持續走好，不久又陷入低迷；接著景氣持在下坡不久又好轉。這就是常聽到的景氣循環。雖然很多專家學者試著找出景氣循環周期的公式，不過，沒有放諸四海皆準的方式。

雖然如此，景氣還是跟股價有很高的相關性。景氣繁榮時各行各業獲利，游資充斥股市萬頭鑽動；景氣蕭條企業營運困難，除了體質好的企業外，企業是在比誰虧得少。企業不賺錢投資人更沒有錢，股價就低落。所以要概略了解重要的指標。

景氣動向與股價關係

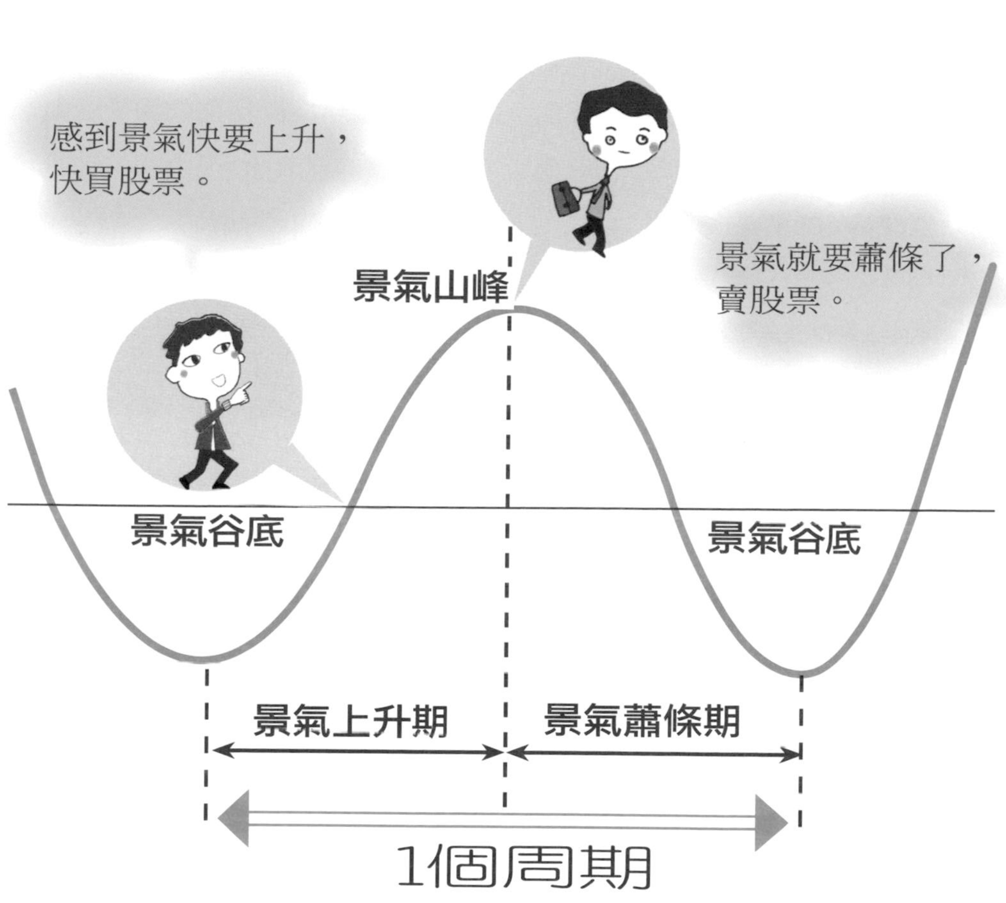

重要指標1：GDP／GNP

國內生產總值GDP，算是所有行情指標中最重要的一項。國內生產毛額的大小，表示一國的經濟規模，其對上年的增加率稱之爲經濟成長率，是判斷經濟情勢的重要指標。

換言之，如果這個區域的GDP增長（景氣好）是指生產擴大，消費增加，可以推想的是企業營業額增加，利潤增加股價也會跟著上升。

GNP是指一國國民從事所有生產活動結果所創造產生的附加價值總和。GNP的數值高低，直接代表了經濟景氣的好壞。

相對的，景氣如果持續一段時間的榮景，而GDP數值超乎預期，則有可能發生景氣過熱現象。

行政院主計處在每年2月、5月、8月、11月的15～20日都將公布最近一季的GDP/GNP，此外經建會、中經院、台經院、中研院、台綜院等機構也會提供。

重要指標2：CPI

CPI就是消費者物價指數(年增率)。CPI是以與居民生活有關的產品及勞務價格統計出來的物價變動指標。我國的調查項目包括食衣住行育樂等564項商品。

比較兩段不同期間的CPI可以知道該期間物價上漲幅度。

對股市與債市而言，CPI高於預期屬於利空，低於預期則爲利多，因爲通貨膨脹上揚將導致殖利率上升，債券價格下跌。

CPI由行政院主計處第三局統計發布，以95年爲例，預估我國的CPI年增率爲1.76％。

重要指標3：貨幣供給額

貨幣供給額指的是某一特定時點，銀行體系以外的企業及個人（含非營利團體）所保有的通貨及存款貨幣總額。

貨幣供給又有廣義與狹義之分，

GDP就是……

個人購買產品和服務使用的錢

公司用在設備、投資上所用的錢

公司生產產品作為庫存增加的金額

政府購買產品和服務所花的錢

政府蓋公共建設使用錢

＋ 出口額－進口額

GDP

原來如此！

GDP＝消費＋投資＋政府支出＋出口－進口

Column

通貨，就是「通用貨幣」的簡稱，這裡所指的貨幣不單單只是一般所認知的現金，也不止於大家熟悉的新台幣，通貨還包含了信用卡和旅行支票等流通程度100％的交易媒界。

準貨幣指企業及個人在貨幣機構的定期存款（包括一般定存及可轉讓定期存單）、定期儲蓄存款、外匯存款（包括外匯活期存款、外匯定期存款及外幣定期存單）以及郵匯局自行吸收之郵政儲金總數。

廣義貨幣供給額即俗稱的M2，狹義的貨幣供給額爲M1A及M1B。

M1A=通貨淨額+支票存款淨額+活期存款，這三種通貨都是流動性高且極富交易媒介價值的。

M1B=M1A+活期儲蓄存款

M2=M1B＋準貨幣

貨幣供給額M1A、M1B、M2的增減，三者有著微妙關係，當M2減少且M1A及M1B顯著增時，可以研判，部分的投資人將定存解約並將這些錢轉存到活存。這種情況代表股市可能在活絡中，因爲股款交割均爲活存及支存。

貨幣供給額由中央銀行統計提供，每月25日公布上月數值。

重要指標4：外銷訂單

由於台灣大量依賴對外貿易，因此外銷訂單爲台灣景氣的重要領先指標，因爲這些外銷訂單約經過1～3個月將轉化成爲外銷金額。外銷訂單增加對股市爲利多消息，顯示廠商業績仍處於擴張階段，並且爲匯市的潛在升值力道。

外銷訂單統計是輸出貿易的先期指標，是經濟景氣預測的依據。

目前是由經濟部按月以抽查推估方式計算。

重要指標5：景氣動向領先指標

景氣對策綜合判斷分數是行政院經建會根據各經濟活動指標所編製，用以判斷未來景氣。

『紅燈』，表示景氣過熱

『黃紅燈』，表示景氣微熱

『綠燈』，表示景氣穩定

『黃藍燈』表示景氣欠佳

『藍燈』表示景氣衰退。

編製這項信號的統計數據共有貨幣供給、放款、票據交換、製造業新接訂單指數、海關出口值、工業生產指數、製造業生產指數、製造業成品存貨率、股價指數等九項。

一般多以綜合判斷分數來作爲景氣狀況的參考。

景氣指標

領先指標	同時指標
1.製造業平均每月工時	1.工業生產指數變動率
2.製造業新接訂單指數變動率	2.製造業生產指數變動率
3.海關出口值變動率	3.製造業銷售值
4.股價指數變動率	4.製造業平均每人每月薪資變動率
5.躉售物價指數變動率	5.票據交換金額變動率
6.貨幣供給M1b變動率	6.國內貨運量
7.台灣地區房屋建築申請面積	

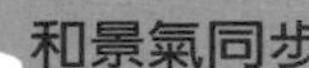

指標的高峰與谷底比經濟循環階段早出現，所以是比較重要的景氣預測工具。
一般而言，領先指標連續上升三個月可視為景氣復甦的標竿。反之亦同。

指標公布日期與單位

公布日期	名稱	單位	公布日期	名稱	單位
每月5日	物價概況	主計處	每月25日	景氣動向	台經院
每月5日	外匯存底	中央銀行	每月27日	景氣概況	經建會
每月7日	海關進出口	財政部	每月29日	商業動向	經濟部
每月21日	就業市場	主計處	每季第二個月中旬	經濟成長率	主計處
每月23日	外銷訂單 工業生產	經濟部	每季第二個月中旬	國際收支	中央銀行
每月25日	貨幣供給	中央銀行			

第七節

損益表與股價指標：PER、PBR、ROE

根據規定，上市櫃公司有義務要向投資大眾公開財報。

損益表

損益表與資產負債表是最重受視的兩張財報。損益表載明了公司在一段期間內(通常是一年)所有經濟活動的收入、成本跟費用，由此也計算出利潤(見右圖)。像這樣，從損益表計算出營業收入、營業毛利、營業利益、稅前與稅後淨利，是分析企業收益不可或缺的。

根據財報與股價，可以再進一步對於「是否值得投資」做評估，最具參考性的有PER、PBR、ROE：

本益比(PER)

本益比(PER)是企業於特定時間股價(本)相對於盈餘(益)的比值。

本益比(PER)＝

每股市價／每股盈餘(EPS)

計算所得單位是「倍」。

每股盈餘(EPS)就是公司淨利除以發行股數。

計算所得單位是「元/股」，是衡量企業經營績效的財務指標之一。

應用本益比參考意義是——

假設企業獲利能力保持不變，原投資(購入股票)金額，要幾年可以回收。如果本益比是10表示所投資的錢10年能回收，如果本益比是100就表示投資的錢要100年本金才回收。

從這個角度看本益比當然越低越好。試想，投資一個10年可以回本的生意當然比投資一個100年才可以回本的生意有價值。

本益比實務應用

過去的獲利水準並不保證未來，此外還有許多外部因素也會影響著個股漲跌，所以，應用本益比評估股價時還要多方參考：

損益表計算方式

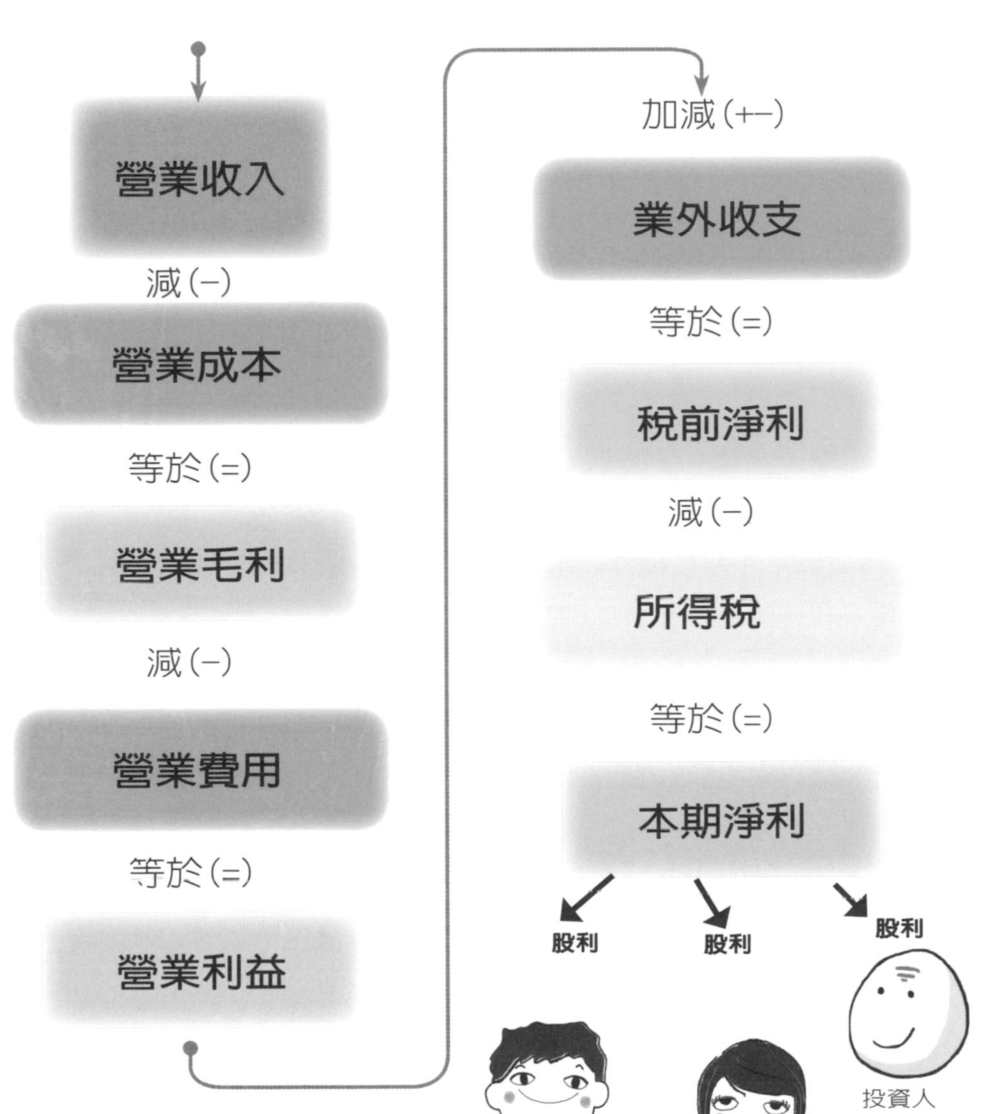

基本認識篇
股價漲跌篇
選股方法篇
本益比實戰篇

⑴本益比和整個市場的比較。

⑵本益比和同產業其他企業比較。

⑶現在和歷史本益比的比較。

⑷不同利率下「合理本益比」和本期本益比相較。

第⑷中所謂「合理本益比」是從資金的機會成本角度評估，一般認爲合理本益比爲定存利率的倒數。

例如年定存利率爲2%時，「合理的本益比」就是50倍(2/100的倒數)，也就是說如果你把錢投資在銀行定存，得50年才能賺回資本額。從這個數字與股票市場的本益比相比。以2006年06月底上市股票平均本益比爲16.82倍爲例，顯示台股還值得投資。

股價淨值比(PBR)

股價淨值比(PBR)則是指企業於特定時間點的股價，相對於最近季底每股淨值的比值。計算式：

股價淨值比（PBR）＝

股票市價÷每股淨值

計算所得單位是「倍」。

認識PBR前，要先認識「每股淨值」是什麼？

所謂「每股淨值」是指某企業股票的每股股份眞正價值是多少，計算公式爲：

每股淨值＝

(資產總額－負債總額)÷發行股數

當企業營運成效不彰時，投資人看壞行情股價下跌時，PBR值下滑；相對的營運成效好，贏得投資人信心，買氣趨暖PBR值也就攀高。

換言之，PBR反映出投資人對個股的信心指數，也可以說PBR展現了個股的人氣指數。

實務上可以拿個股的每股淨值乘以同類股的一般PBR，計算出個股合理股價是多少。常聽到股市分析師說的「建議操作區間」，「區間」可以是由過去PBR的波動範圍推算出合理股價，超過上限的被稱之爲「超漲」，低於下限的則被稱之爲「超跌」。

投資人可以參考本書P27，直接上交易所網站查詢各股的PBR。

三種股價評估尺度

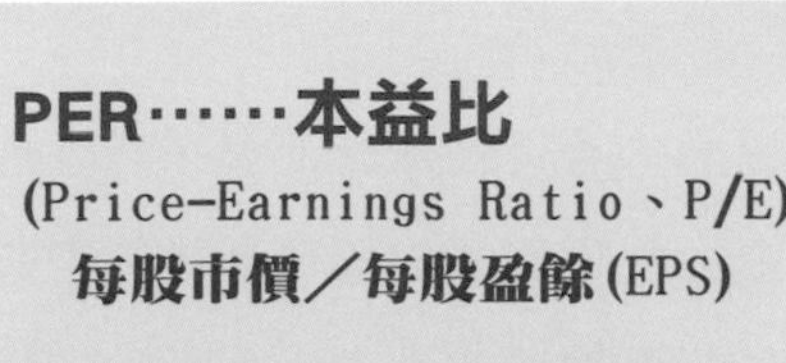

(Price-Book Ratio、P/B)
每股市價／每股淨值

ROE……股東權益報酬率
(Return on Equity)
稅後淨利÷加權平均股東權益×100

股東權益報酬率ROE

認識ROE前先了解「股東權益」及「平均股東權益」。

所謂「股東權益」是指股東所擁有的公司淨值。

股東權益＝

公司總資產－總負債

「平均股東權益」是某一時段內(通常爲一年)「股東權益」平均值：

平均股東權益＝

(期初股東權益＋期末股東權益)÷2

股東權益報酬率(ROE)，又稱爲淨值報酬率。

股東權益報酬率〔ROE〕＝

(稅後淨利÷平均股東權益)×100%

計算所得單位是「%」百分比。所反映的是股東擁有的每1元可以享有的報酬率，換言之，股東權益報酬率(ROE)越穩定成長，代表該公司越有投資價值，當然ROE也是重視「價值投資」的投資人觀察的重點。

股東權益報酬率實務應用

投資人藉由ROE的高低，可以判別該企業的獲利能力及該企業是否有效地利用股東資本來產生利潤，同時我們也可以說ROE是該年度股東權益的成長速度。ROE愈高，代表該公司愈能替股東賺錢。

目前台灣整體上市企業的平均股東權益報酬率大約爲9%左右。一般說來，所投資個股的ROE如果低於債券收益率甚或銀行活存利率，表示與其買這種企業的股票不如把錢存銀行生利息。

對於價值投資的偏好者，選股時建議選擇股價淨值比(PBR)低及股東權益報酬率(ROE)高的個股，才是眞正物美價廉的股票。相對的，投資人應避免買股東權益報酬率(ROE)低，股價淨值比(PBR)高的股票。

計算完各種股價指標之外……

加分

(1)所屬產業成長前景看好
(2)所屬產業受景氣循環波動影響較小
(3)近三年營收與獲利穩定成長
(4)產品與技術領先形象外在良好
(5)同類產品市場中位居領導地位
(6)負責人專注本業且形象良好

減分

(1)所屬產業不具備成長前景
(2)所屬產業受景氣循環波動影響較大
(3)預估營收獲利可能表現不佳
(4)近三年營收與獲利波動幅度大
(5)產品與技術能力落後
(6)負責人外務龐雜風評不佳

Column

重視價值的投資人總能在買下股票的時候，表現得像擁有那家公司一樣，因此，有必要了解該公司營運的基本面。

第八節

認識股價圖

股價上上下下波動，有沒有可以用「圖」讓人一目了然的方法呢？

畫圖，是表達事件始末最清楚的方式，像海圖、地圖等，圖表不但具備一眼就知道要傳達什麼的特點，更重要的是它能明白的表示出方向。

股價圖是爲了使股價的動向一目了然的圖表。是投資人進出時點的輔助工具，一般用記錄著：開盤價、最高價、最低價、收盤價的「K線」來表示。

K線圖的意義與由來

K線圖又稱陰陽線、蠟燭線，據說最早是日本的米市用來記錄買賣雙方喊價的情形，所以有人稱它爲「米線」，相傳有位名叫本間宗久的日本人把米線的用法加以發揚光大，因爲本間宗久的姓氏開頭字母爲「K」，所以大家就稱這種線圖爲「K線」。

K線圖中，開盤價和收盤價之間就叫做「實體」，最高價和最低價突出實體的部分就叫做「影線」。

收盤價比開盤價來得高就叫做陽線用紅色或柱體留白表示。收盤價比開盤價來得低就叫做陰線，用藍色或黑色表示。

股價上漲的表示法

圖A～D都表示行情往好的方向發展，股價有上升的傾向。

A收盤價比開盤價高，但交易期間股價上下震盪，出現比收盤價高比開盤價低的價位，並留下上、下影線。

B收盤價比開盤價高，交易期間出現比收盤價高的交易，留有上影線。

C收盤價比開盤價高，交易期間出現比開盤價低的交易，留有下影線。

D股價一路上升，直到交易結束都是強勢上漲。

股價上漲的表示方法

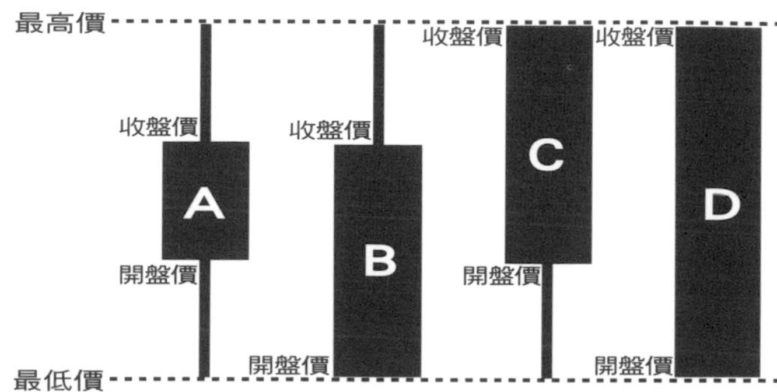

啊！是陽線，
股價在上漲......

Column

以公司財務運作、企業現況、增長潛力、未來計畫、戰略投資等等為考慮是股票的基本面分析；而一般所稱的技術分析，是以股票在市場上「價」與「量」為根本，從過去記錄中探尋未來趨勢的一種方法。所以，在技術分析上，資料的蒐集非常重要。因為它的基礎是統計與歸納。

股價下跌的表示法

見P85圖E～H都是收盤價比開盤價低，委託賣出比委託買進多。股價有下跌的傾向。

E收盤價比開盤價低，但股價上下震盪，留有上下影線，表示多空交戰。

F收盤價比開盤價低，出現比開盤價更高的價位，所以，留有上影線。先漲後跌反彈無力，空頭氣勢強。

G收盤價比開盤價低，出現比收盤價更低的價位，留有下影線。

H股價一路下滑，直到交易結束都疲軟不振。

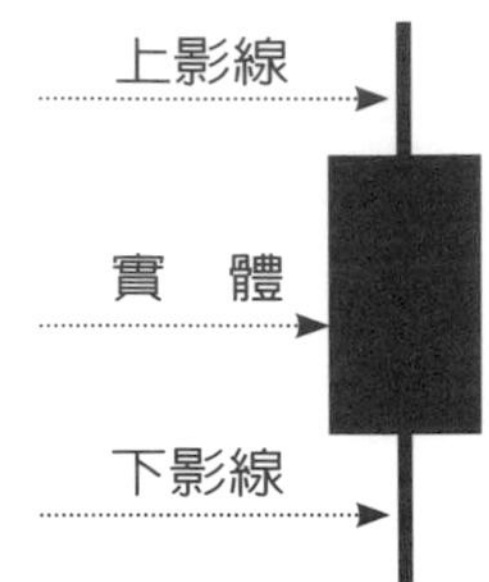

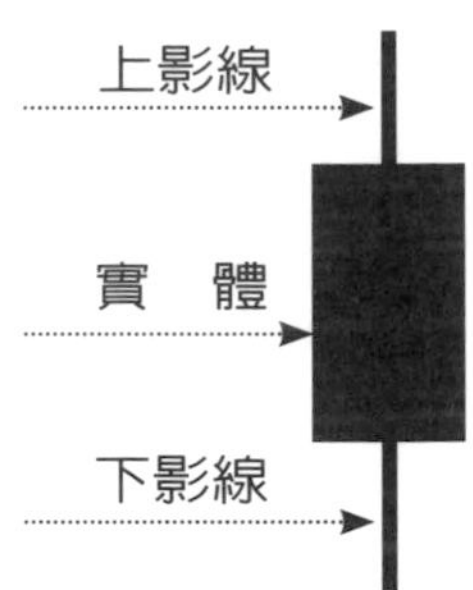

常見的k線圖解

市場上如何利用K線判讀行情？

用K線表示股價，一根k線代表一日的股價變化情形就叫日線圖；一根k線代表一周的股價變化情形就是周線圖；一根k線代表一月的股價變化情形就是月線圖。利用網路可以很方便的查詢。

<<不管是陽線（紅棒）還是陰線（黑棒），上影線愈長表示賣方力道（上檔有壓力）愈重；下影線愈長，表示買方力道（下檔支撐）愈強。

<<若同時出現上下影線，簡單的判別方法是看上下影線的長度決定多、空力道的強度。

股價下跌的表示方法

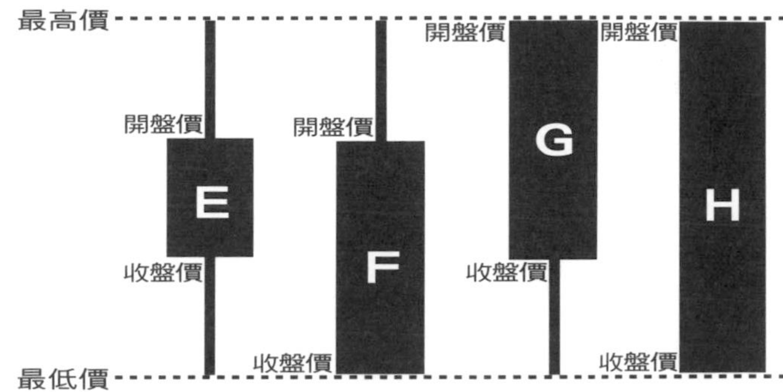

啊！是陰線，

股價在下跌……

Column

做了基本面分析後，先鎖定個股，接著以技術分析尋找買點與賣點。

沒有一項技術分析是百分百不失誤的，其內涵是依據過去資料預測走勢。如果要未來跟過去的統計經驗一樣，那得所有的外在因素一模一樣才可能。不過，那是不可能的，所以技術分析要懂，但不能太執著。

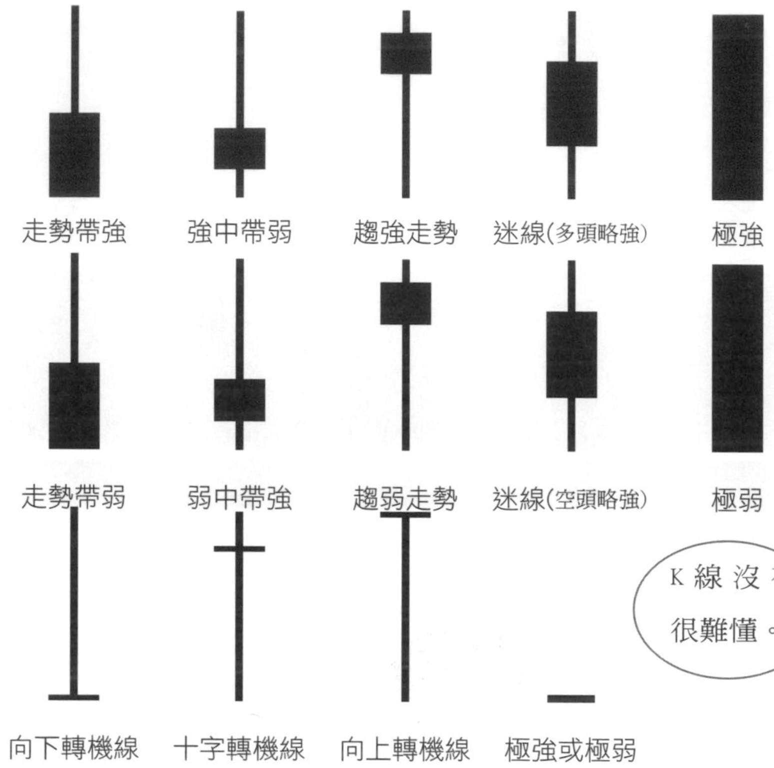

走勢帶強　強中帶弱　趨強走勢　迷線(多頭略強)　極強

走勢帶弱　弱中帶強　趨弱走勢　迷線(空頭略強)　極弱

向下轉機線　十字轉機線　向上轉機線　極強或極弱

K線沒有很難懂。

k線用於行情趨勢的推測

判讀k線最常見的就是連結一根一根的k線圖形。

1.上升趨勢線

每根k線的底部連成一線，呈現大漲小跌且最低價的底部愈墊愈高，高價的高點也愈來愈高，在未突破趨勢線前，市場承接意願強是多頭走勢。

2.下降趨勢

每根k線底部連成一線，最低價的底部愈來愈低，最高價高點也一波低於一波，呈現大跌小漲，表示市場投資意願薄弱，尚處於空頭走勢。

3.盤整趨勢

股價上上下下處在一個膠著的區間呈橫向整理時，算是股價盤整期，除非股價可以向上穿透壓力線或向下跌破支撐線，才有機會出現新行情。

未來，是上升還是下跌

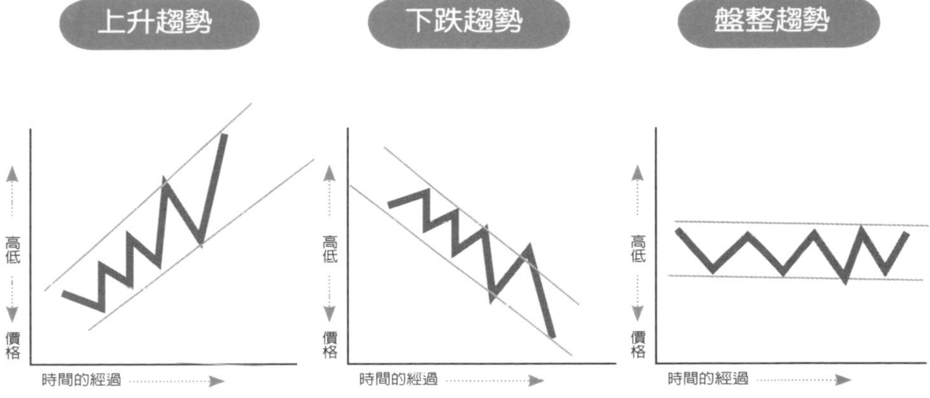

Column

股價並不是全由企業實際的價值決定，而是有各種各樣的原因以及投資者的心理來決定。

技術分析就是基於這種想法的。看一條K線分析的方法就是單線觀測，兩條合起來分析變化就是雙線觀測，比單線觀測來得準確。其他的也有三線觀測，但分析方法就更複雜了。

第九節

股價的趨勢

在字典裏查「trend」這個詞，就會看到上面寫著「趨勢」、「動向」。

在股票市場裡有很多種「圖」，上一節提到的k線它是一種股價的記錄，一般人很容易理解它的目的，此外，還有很多其他「技術線圖」它們存在的目的是做什麼呢？

利用技術線圖找出趨勢

在股票世界裏，把股價開始上升後不久又繼續上升，開始下跌不久又繼續下跌，這種一段時間股價朝同一個方向波動的現象就叫做「趨勢」。

投資股票時不管現在股價如何波動，看清趨勢是很重要的。

整體說來，所有的技術線圖都是爲了預測股價變動的趨勢。就像上一節提到，利用K線高價與高價、低價與低價相互連結，企圖找出「趨勢」一樣，在股市裡，還有很多「工具」是提供給投資人預測未來股價變動方向的。初學者可以先由MA、RSI、KD認識起。

MA

MA就是移動平均線。

移動平均線計算方式是採用過去數天的移動平均股票價格繪製，例如，5日均線就是連接「第1天到第6天」、「第2天到第7天」、「第3天到第8天」……平均股價的連結線；如果是10日均線，就是連接「第1天到第11天」、「第2天到第12天」、「第3天到第13天」……平均股價的連結線。

想像一下，假設你手上有一條5日移動平均線、一條60日移動平均線、一條144日移動平均線，當個股開始展現多頭市場趨勢的話，是不是5日均線會先往上升、接著60日均線也隨之上揚、最後144日均線也會慢慢的往上呢？

範例：技術指標MA (台積電 周線94/01～95/07)

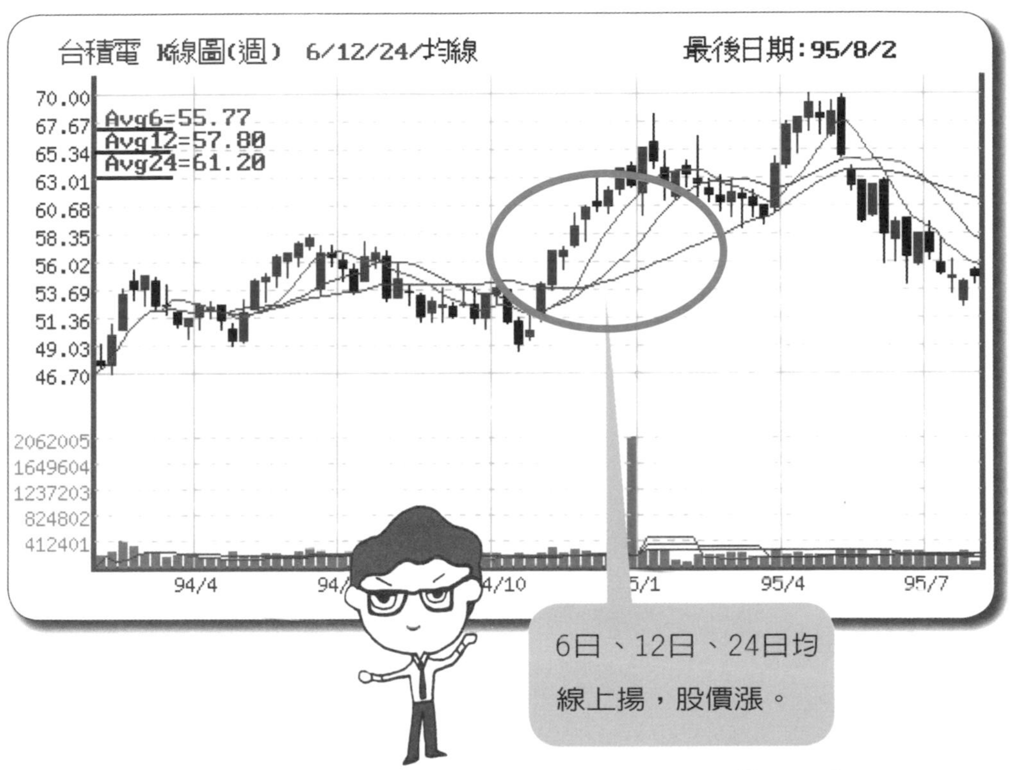

Column

一般採用：6日、12日、24日的移動平均線為短期移動平均線；60日、72日為中期移動平均線；144日、200日、288日為長期移動平均線。

因爲短天數的反應股價速度快，長天數的反應股價速度慢。所以當股價開始上漲時，首先短期移動平均線會先向上攀升，接著中期移動平均線和長期平均變化線會開始升高。當中期移動平均線從下往上突破長期平均線時就叫「黃金交叉」，這是股價開始上升的標誌。

另一方面，股價上升，開始下降時，短期移動平均線也會下降。接著中期、長期的移動平均線也下降了。當中期平均線向下穿越長期平均線就叫做「死亡交叉」，是股價下跌的標誌。

RSI

RSI就是相對強弱指標。

先來看看RSI的計算公式：

以9日RSI爲例計算方式是：

1.先計算RS

9日相對強度(RS)=

$$\frac{\text{9日內收盤上漲總數的平均值}}{\text{9日內收盤下跌總數的平均值}}$$。

2.再算RSI

9日的強度指標(RSI)=

$$100-\frac{100}{1+RS}$$

它的計算原理是，假設收盤價是買、賣雙方力道的最終結果，把上漲視爲買方的力量把下跌做爲賣方的力量，而式子中的RS就是買方力量與賣方力量的比。也就是雙方相對強度的概念，因此，RSI的中文名稱就叫「相對強弱指標」。屬於一種量的指標。

RSI跟MA一樣，計算日期愈長判斷愈穩定，計算日期愈短敏感度愈高。

RSI主要是表現出個股超買或超賣的狀況。因爲它會比K線圖更早出現在股價的底部或高檔，短、中期的投資人很喜歡用它來尋找買賣點。

如何運用RSI呢？

先假設一個極端的例子。

假如盤勢是全面上漲的，RS將會趨近無限大，RSI則趨近於100；如果是全面下跌，RS就等於0，RSI也等於0。

範例：技術指標RSI (台積電周線94/01～95/07)

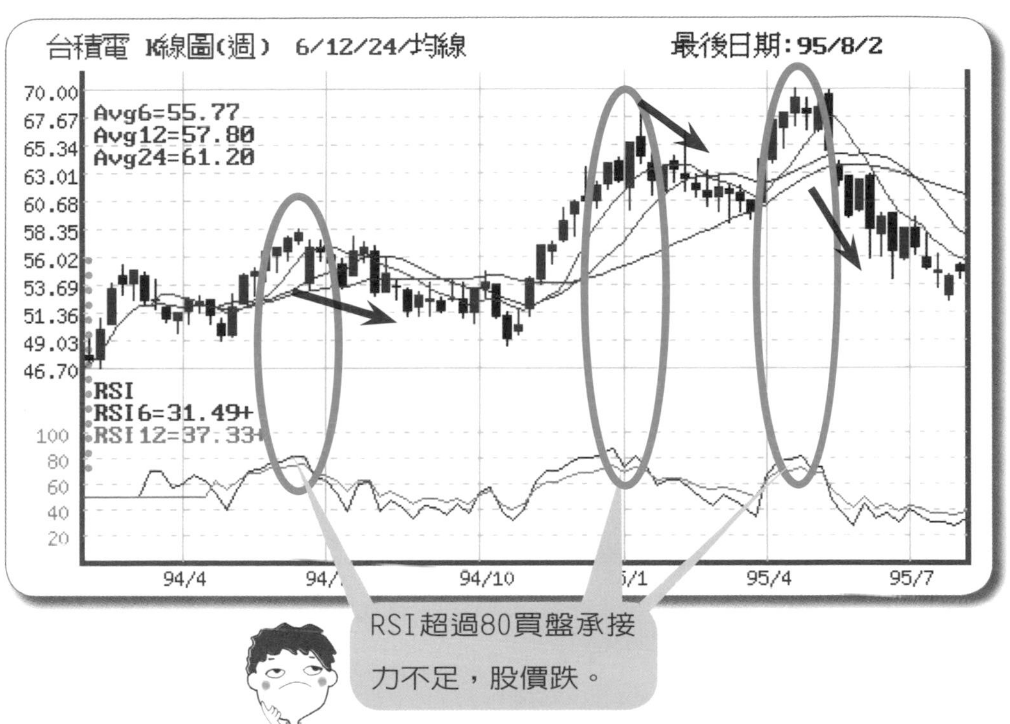

Column

買超指的就是買的數量多。比方說外資今天買了台積電2萬張，賣出了5仟張，如此就可以說外資法人「買超」台積電1萬5仟張。

股票價格跟「人氣」很有關係。如果「大家」都買的話，表示股價會變貴。但是，買、賣是對等的，也就是說有人買必然有人賣。舉例來說，當外資法人買超1萬5仟張，勢必有散戶賣出1萬5仟張。因此，是誰在買股票，這個「誰」就很重要了，市場會關注「三大法人」(外資、投信、自營商)買賣的情況如何。當三大法人買超股市上漲機會大。但這不是絕對的，如果是屬於「追價型」(賺取差價)的買超，因為買股票就是為了賣股票，走勢就很難講。而若是「低接型」(長期看好增加持股)的買超，股價就比較容易穩穩的往上漲。

上述的極端例子幾乎不會出現，因爲行情通常是有買有賣，因此，RSI數值愈大表示買方愈強；如果RSI值愈小就表示空頭的氣氛愈濃；當RSI在50附近，也就是雙方勢均力敵。

但當RSI值高到80以上，反而表示個股有超買的情況，股價可能就要急轉直下。而當RSI數值愈小，代表股價的下跌的力道愈強，表示投資人承接的意願低，但當RSI值低到20以下，反而表示個股有超賣的情況，股價可能就要谷底上揚了。

KD

KD線中文名字叫「隨機指標」，這個指標融合了移動平均線的速度概念，是很常用的一個技術指標。先來看看KD的計算公式：

以5日KD爲例計算方式是：

1.先計算未成熟隨機值(RSV)

5日RSV=

$$\frac{\text{第5天的收盤價}-\text{5天內最低價}}{\text{5天內最高價}-\text{5天內最低價}}\times 100\%$$

2.再算當日K值與當日D值

當日K值

=2/3×(當日K值)+1/3×(RSV)

當日D值

=2/3×(當日D值)+1/3×(當日K值)

RSV可以當成是買方力量強度，再把RSV做成指數移動平均數。這個公式有點小複雜，總結起來初學者只要記住——

K線，是買盤力量RSV的平滑移動平均線。

D線，又是K線的平滑移動平均線。

KD指標在80以上被視爲超買，也就是賣出的訊號；KD在20以下被視爲超賣，也就是買進的訊號。

範例：技術指標KD(台積電周線94/01～95/07)

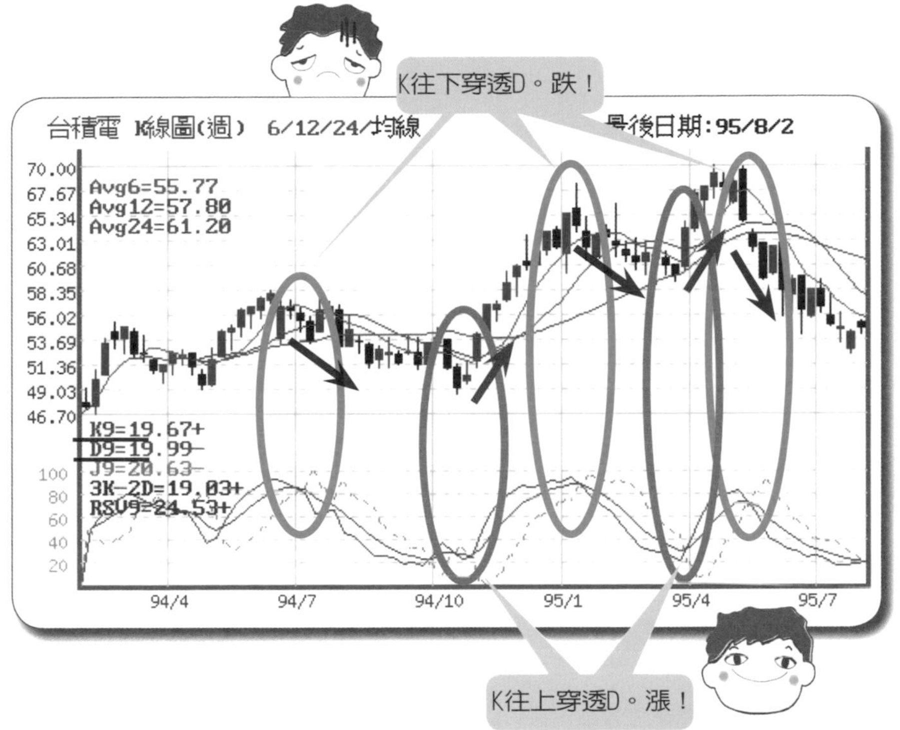

Column

因為D線是K線的移動平均線，根據快速、慢速的移動平均線原理(前文MA中曾討論過)，K線向上突破D線就是買進的訊號；K線向下跌破D線的時候就是賣出的訊號。

第十節

有關「股票評等」這回事

前面討論過許多投資股票的概念，沒有捷徑，投資股票就是要分析公司經營狀況。然而這對一般投資人來說並不容易。因此證券公司、投顧公司會每天或不定期公布對上市上櫃公司的研究報告與評等。

評等一般會分成「買進」、「逢低買進」、「觀望」、「逢高賣出」、「賣出」幾種等級。現在手機簡訊很方便，如果你已在某家證券公司開戶，有些營業員也會三不五時傳簡訊給投資人，像什麼「xxx公司今年看上5元！」「飆股特報！！外資買超XXX股XXX張。」

長期觀察研究員表現

像這樣的投資評等或推薦國內外法人與證券公司都有。不過，評等始終是一種預測，有很多是落空的。重點是即使評估錯誤，分析師和證券公司也不需付責任的。畢竟投資判斷始終是投資者自身的責任，因此在看股票評估時要注意以下幾點：

第一，預測值是相對的，並不是絕對的。

第二，要注意其評等的概況指的是哪一段時間。

第三，試著和其他證券公司的評估比較一下。

有些證券研究員對自己所善長的行業(股票)有很深入的研究，比方說，有的研究員專門研究塑化類股，其所提供的塑化研究報告有很高的參考價值，可是有些研究員爲了要評估企業，多次的拜訪企業高層聽取簡報，如此投資人反而要很小心，因人情或商業壓力，證券研究員是是很難把他們的顧客(或朋友)評估得很低的。若是對方心懷不善跟公司一起作價、拉抬、放假消息，投資人也許可以很多次都賺到錢，但這種情況只要遇到一次就會讓投資人受傷很重。

評估不是絕對的

阿強上市公司

建議：

買進

原因：

出貨樂觀，有大訂單挹注。

證券公司 甲

分析師

建議：

觀望

原因：

預期可能獲得XXX代工訂單。併購ZZZZ，短期仍在調整客戶，營收貢獻約2000～2500萬元，預期第二季之後才會有獲利明顯。

證券公司 乙

分析師

建議：

逢低買進

原因：

訂單能見度達到第2季，訂單量增加，呈現滿載狀態，第2季將延續第1季需求，相關產品線則為傳統淡季，消費性需求增加。

證券公司 丙

分析師

"哪個正確？"
……如果是這樣，
還是自己來判斷吧。

投資人

分析是預測，沒人必需負責任。

3章 098～125

Choice

生活中
誰令你感動

選股方法篇

逛街是很務實的選股方法。
也別害怕看財報，
把財報的「線頭」掌握住了，
3分鐘就上手。

第一節

原則是「以低價買好股票」

開門見山，從現在起開始介紹如何操作股票才能賺得到錢！

從結論來看，股票賺錢的秘訣在於以「低價」買「好股」。

也就是說，只有考慮到「是否是好股票」、「價格如何」這兩點，才能投資股票並賺到錢。

和平時買東西一樣，再好的東西如果價格太高，買了也不划算。相反，再便宜的東西，如果質量不好，反而會吃虧。無論是平時購物，還是購買股票，「以低價買好貨」都很重要。

目標：獲利快的好公司

什麼樣的股票算得上好股票呢？

穩定獲利並獲利一直成長，這樣公司的股票就是好的股票。

這樣子解讀股票，聽起來很現實！不過，股市真的就是一個如此殘忍的地方，一個月不成長，投資人就會棄若蔽履。重新強調一次，好股票就是獲利會成長的股票，也就是下個月比這個月好、今年比去年好的意思。

「如果公司已經賺很多錢了，這種股票不好嗎？」

過去是過去，除非你能看出這家公司未來還會賺到更多的錢，否則就沒有投資的價值。

所以，要是能找到今後幾年內獲利增長到10倍的這種公司，那就太好了。這種公司的股票股價有機會大幅上漲，買它的股票可以大賺一筆。

股票，離不開生活

如何找值得投資的好股票？

一般常用的方式有兩種，一種是由上而下的選股方法（見右圖），另一種則是由下而上的選股方法，這兩種方式都是很有系統的選股法。但要一口氣就把這些景氣啦、獲利能力啦全

由上而下的選股法 （由下而上的選股法，順序倒過來就是了。）

Step1 觀察全球

全球景氣位階是成長中還是衰退？並比較各國

Step2 觀察台灣

重要指標如GDP、領先指數、經濟成率是否OK？

Step3 過濾產業

朝陽產業有那些？排除夕陽產業。

Step4 選擇企業

由明星產業找出營運、財務、獲利均佳者。

Step5 決定個股

技術面、PER、PBR目前是否是投資時機？

Column

基金經理人代表基金公司，管理共同基金或其他投資計畫，並代表公司作出適當的投資決策，是基金管理的靈魂人物。

由於基金經理人管理的資金龐大，所以在證券市場上具有一定的影響力。基金經理人須由券商或公司的研究部門所提供的研究報告中，挑出適合投資的標的定期拜訪那些具潛力或已投資的上市公司，感覺和發掘獲利的契機，並迴避掉潛在的風險。

都搞通，還眞有點難。本文要介紹被時代雜誌推崇爲首屈一指的基金經理人——彼得·林區(Peter Lynch)的選股方法。

逛街shopping找股票

彼得·林區是一個重視家庭生活的人，雖然在高壓力的金融圈中工作，但他卻很喜歡跟妻子、女兒逛街購物，並喜歡討論受妻子和女兒歡迎的產品。

就這樣，彼得·林區從這些不起眼的生活細節中所得到的資訊，對他投資股票起了很大的作用。因爲他總能從這些受到妻子女兒喜歡的商品中找出相關製造的公司與相關的產業，進行投資並獲得豐厚的報酬。

彼得·林區的投資特色是利用已知的事實做投資，重點在於草根調查(kick the tire)，投資偏好兼具成長與價值的類股及產業，只要是好的公司，價格合理皆可能成爲他的投資標的。

服飾公司ESPRIT的例子

右圖是思捷環球控股公司近三年的股價與營收資料，思捷是一家在香港上市的服飾公司，因爲思捷不在台灣上市，投資人可能比較陌生但其經營的服飾品牌ESPRIT對喜歡休閒都會風的人們一定不陌生。(董事長邢李㷧有位明星太太叫林青霞)。不知愛逛服飾的敗家男女是否有感覺到，從2000年後ESPRIT在產品與價格上眞的很不一樣！以我爲例，這家服飾公司我每個月逛也逛不膩。(我得先說明，自己是個超級愛買衣服的敗家女。)

仔細的研究這家服飾公司爲什麼那麼吸引我呢?很明顯的以前價格貴，現在比較便宜;又爲什麼月月逛卻逛不煩?因爲ESPRIT的產品替換得很快，跟其他品牌可能一季才換一次相比，光由櫥窗就看得出應該是每個月都在進新貨。

以上是個人對ESPRIT莫名其妙的偏愛，或許有些人並不如此認爲，像

逛街選出好股票① (範例：香港思捷控股)

思捷環球控股(以下資料以新台幣計算)

資本額：5.15億

主席兼執行董事：邢李㷧

交易市場：香港交易所

公司業務

集團主要從事國際知名之Esprit品牌及Red Earth化妝品與美容護膚產品之批發、發售、採購及批授經營權業務，以及經營Salon Esprit業務。

(以下資料以新台幣計算)

●業績	營業收入	EPS(元)
93年	669億	6.88
94年	869億	11.88
95(1H)	504億	6.64

朋友圈中就有人覺得ESPRIT品質沒有以前好、而且產品賣便宜了穿在身上反而沒有特別的尊寵感等。不過，當我到北京、到上海、到馬來西亞出差看到ESPRIT門庭若市的情況時，就忍不住上網找找ESPRIT的財報並蒐集與這家公司有關的報導了。

賣場、財報與策略

原來ESPRIT近幾年眞的做了一些「戰略」調整，不但開放加盟，快速佔領全球百貨商場以分散庫存風險降低成本，在定位上也做了調整——

不走時尚尖端的流行品牌，而著重在基本款又兼顧時尚的都會品牌。這麼做不光有助於追求最大客源，更大大的縮短了庫存的天數。

顯然，ESPRIT由產品、通路到策略都是成功的，不但業績亮麗，連帶的股價更三年不到漲了3倍。

如果能用這樣投資的眼光去看待日常生活，當你對某些東西產生佩服之情，或直覺某種商品很有市場競爭力時，在街上蹓躂也算是既快樂又高明的選股方法了。

生活中，誰叫你感動？

像這樣的股票可以從日常生活工作與環境周圍發現。

「這種綠建築很環保，經營的公司應該會賺大錢吧！」

「水災過後，相關企業的工程應該有表現的題材吧！」

「這家公司生產的東西很有特色！」……

當你發現有些產業或公司很令你心動，不妨回頭查看一下，生產這些商品的公司是那幾家？用這種角度來看，投資股票其實離我們很近。比起專家們的報告和分析法，日常生活的靈感更有助於投資。

有關概念股

媒體上我們常聽到「概念股」所指為何？

所謂的概念股，這是區分個股群

如何查詢概念股 (範例：群益金融網)

群益金融網：

http://www.capital.com.tw

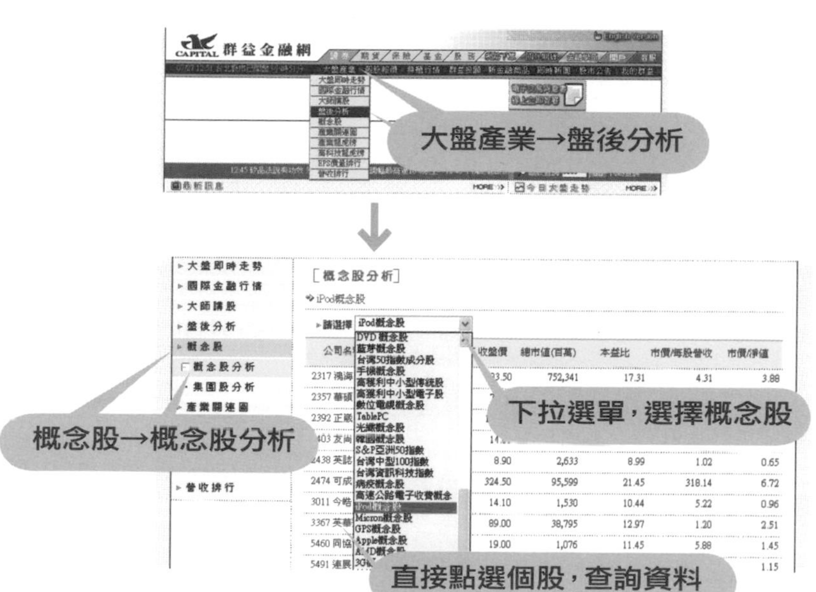

Column

養成隨時觀察流行商品的習慣可以為投資帶來驚喜。例如，買了件新概念的排汗T恤，可以「解構」看看，這衣服的原料來自哪裡？那家生化公司研發的？未來有沒有發展潛力。

組的概略性分法。通常用來指有共同特質的公司，例如：互相競爭的同一產業公司、有合作關係的上、下游公司、同一集團公司等，都可以被歸納爲同一「概念股」，在台灣概念股股價有齊漲齊跌的特性。

齊漲齊跌的概念股

要取得這些概念股的資訊，利用網路十分方便，有些證券公司需要帳號與密碼才能查詢，但也有很多是不需要的，例如上一頁的群益證券，按照步驟點選，資料都已經整理好了。

每一家證券公司「概念股」的分類都不太一樣，不過你只要多參考幾家應該就能找出適合自己的資訊。

有趣的是，概念股族群的分類愈來愈多元也愈即時，例如選舉的時候會有選情概念股，颱風剛過後會有風災水災概念股，其他像京都議定書概念股、禽流感概念股等等不一而足。

除了掌握即時熱門的產業外，概念股的分類也方便投資人選擇跟自己投資脾胃相同的股票，例如，高配息概念股、歐元升值概念股、新台幣升值受惠概念股。很酷吧！

APPLE I-POD的例子

再舉一個國內「shopping選股」的例子。

2004年前後，不管是走到三C賣場還是百貨公司，常常有一堆人駐足在apple i-pod的專櫃前捨不得走開，這些人不分年齡，看到那一款白白的超有設計感的apple i-pod總是對著它大叫「說什麼也要買一個！太漂亮太漂亮了。」

i-pod在消費市場上大展魅力，可想而知推出i-pod的apple必定出貨量大增業績大好，而其原物料供應鍊中的廠商也必定同蒙其惠。

右圖就是國內幾家跟apple公司有密切往來的股票周k線，時間是94年的1月底到95年的7月底。短短一年半這幾家供應商股價漲得可眞不是普通的多啊！

逛街選出好股票② (i-pod，94/10~95/7)

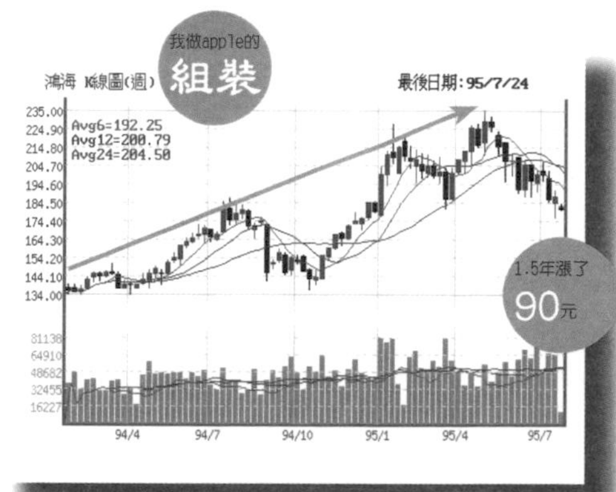

氣人！我買i-pod，卻沒買i-pod股票！

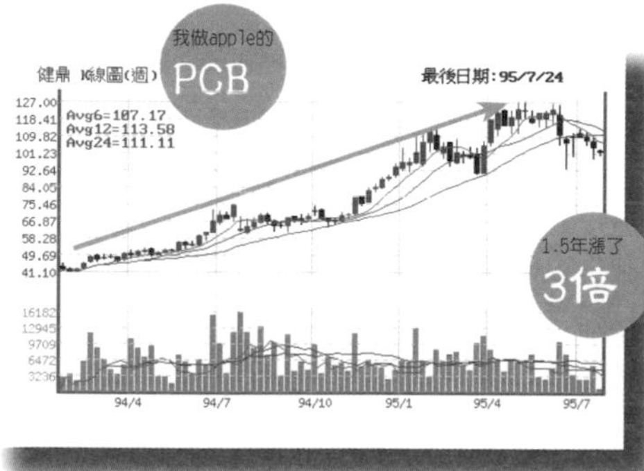

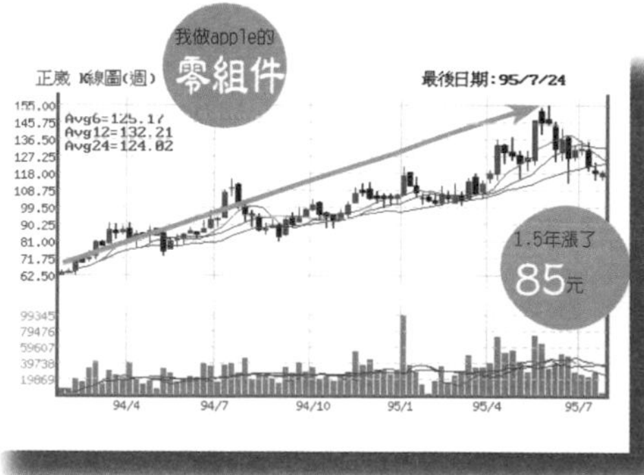

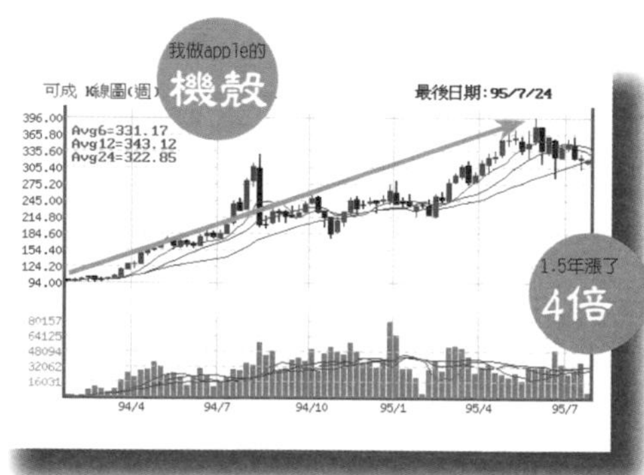

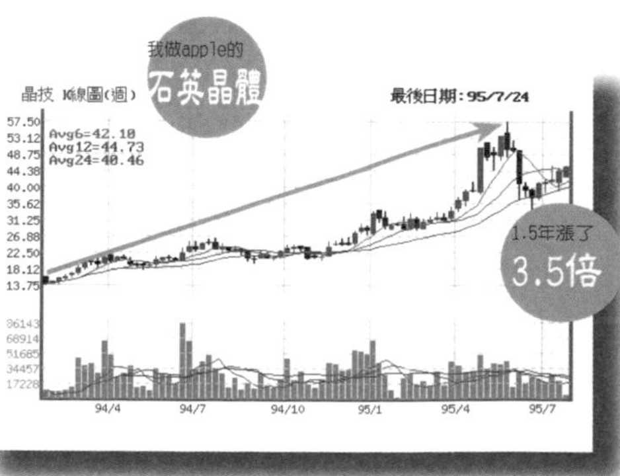

第二節

以客觀資料判斷是否為好公司

逛街逛網路，能引起有興趣的產業或商品應有不少吧！舉凡新型態的連鎖店、綠建材的廠商、取代石油的能源……聽起來實在「粉迷人」，但如果主觀的憑感覺判斷，就認定值得買進，這樣就過於著急了。找到看似不錯的公司後，要利用一些方法查看它的業績！

只投資看得懂的公司

前文提及彼得·林區，他有句名言「不要投資你不了解的公司。」以他而言就不買科技股，因為他不懂。

雖然我們可能已經生活得很「高科技」了，不過，「高科技」光聽名字就讓人感覺很厲害。尤其是聽到「這個公司開發了很棒的新技術」，自己即使不懂，也會不禁覺得「哇！很了不起」。但是，如果你對這個產業或技術還是門外漢，不知道這項技術好在哪，能夠賺進多少利潤。要嘛就下苦工研究，否則就別買比較安全。

舉個例子，有誰知道「砷化鎵微波磊晶片」是做什麼用的嗎？眞是不好意思，我也不知道，不過，如果我是幾年前博達的股東，就會去研究這種「高科技」在產業結構鍊上是做什麼用的？是誰在用？用在什麼地方？這家公司的競爭優勢有什麼？競爭對手強不強……重要的是財報反應的結果如何。如果眞的不想像考聯考一樣讀那麼多資料，那就別買它了。

選擇喜歡的公司投資

台灣的上市、上櫃公司有近千家之譜，其中大部分的企業都可以不納入投資選項。做任何事都是如此，選擇投資標的也如此。只投入到自己喜歡的擅長的領域才是成功的秘訣。

日常生活中找到的只是「好公司的候選」。是否是眞正的好公司，要好好的用「資料」來確認。

財報，投資人不可不看

人是鐵，飯是鋼，業績至上，沒有好業績，徒有話題，或是很會說故事是撐不久的。不管長期還是短期，都要好好確認公司的業績才是。

第三節

財報與財測

深入了解公司營運，看財務報表是相對客觀的方式。

上網看財報

根據規定，公開發行公司必需公告的財報有：

月報：次月的10日之前，只提供營收數字，不需提供獲利狀況。

季報：第一季：結算1月1日到3月31日，申報期限是4月30日前；第三季：結算1月1日到9月30日，申報期限是10月31日前。需提供獲利狀況。

半年報：第二季（合併半年度）財務報告，結算1月1日到6月30日，申報期限是8月31日前。需提供獲利狀況。

年報：第四季（合併年度）財務報告：結算1月1日到12月31日，申報期限是隔年的4月30日前。要提供最完整的財務資料。

上述的這些財報除了月報之外，都需經過會計師查核，且因爲涵蓋的時間長短不同，所以公布的時間不同。月報是不需經過會計師查核可以逕行公布的自結數。投資人若想早一點知道公司經營的概況，把前三個月或前半年的月發票營收相加就可以早一點知道營收數字。這個數字跟將來正確的數字有差距，因爲還有銷貨退回銷貨折讓的變數。不過分析師會先採用這些數字粗估企業的營運概況。畢竟股市總會反應最新題材。

各大媒體與與財經網站、證券網站都查得到上市上櫃的財報，但這些數據已經都被整理過，雖然在使用上比較方便，如果想看一看公司本身有沒有什麼特別的說明，還是直接上證券交易所公開資訊觀測站最完整。

http://newmops.tse.com.tw

這個網站可以查詢除了上市上櫃外、興櫃與公開發行公司的資料也能查得到，而且還有重大訊息公告是投資人必逛以取得第一手資料的網站。

最完整的上市櫃財報資訊站

證券交易所公開資訊觀測站：

http://newmops.tse.com.tw

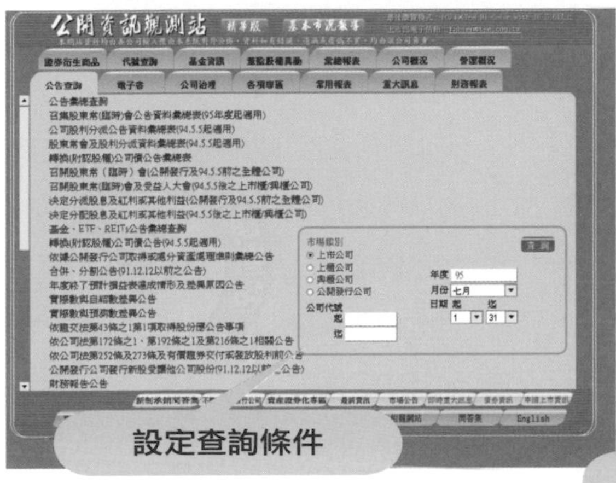

台積電 最近三個月重大訊息查詢

重大訊息的發布。

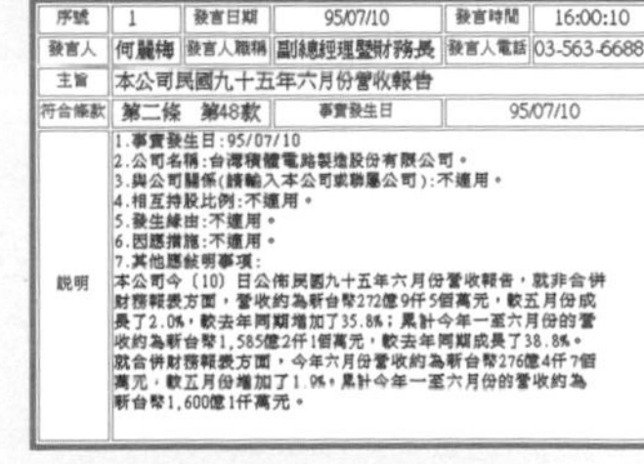

序號	1	發言日期	95/07/10	發言時間	16:00:10
發言人	何麗梅	發言人職稱	副總經理暨財務長	發言人電話	03-563-6688
主旨	本公司民國九十五年六月份營收報告				
符合條款	第二條　第48款		事實發生日	95/07/10	
說明	1.事實發生日:95/07/10 2.公司名稱:台灣積體電路製造股份有限公司。 3.與公司關係(請輸入本公司或聯屬公司):不適用。 4.相互持股比例:不適用。 5.發生緣由:不適用。 6.因應措施:不適用。 7.其他應敘明事項: 本公司今（10）日公佈民國九十五年六月份營收報告，就非合併財務報表方面，營收約為新台幣272億9仟5佰萬元，較五月份成長了2.0%，較去年同期增加了35.8%；累計今年一至六月份的營收約為新台幣1,585億2仟1佰萬元，較去年同期成長了38.8%。就合併財務報表方面，今年六月份營收約為新台幣276億4仟7佰萬元，較五月份增加了1.0%，累計今年一至六月份的營收約為新台幣1,600億1仟萬元。				

以上資料均由各公司輸入後由本系統對外公布，資料如有虛偽不實，均由該公司負責。

(上市公司)台積電

序號	1	發言日期	95/07/27	發言時間	16:32:31
發言人	何麗梅	發言人職稱	副總經理暨財務長	發言人電話	03-563-6688
主旨	公司九十五年第二季財務報告每股盈餘新台幣1.32元				
符合條款	第二條　第48款		事實發生日	95/07/27	
說明	1.事實發生日:95/07/27 2.公司名稱:台灣積體電路製造股份有限公司。 3.與公司關係(請輸入本公司或聯屬公司):不適用。 4.相互持股比例:不適用。 5.發生緣由:不適用。 6.因應措施:不適用。 7.其他應敘明事項: 本公司今(27)日公佈九十五年第二季財報，合併營收約達新台幣821億1仟8佰萬元，稅後純益約為新台幣340億2佰萬元，每股盈餘為新台幣1.32元（換算成美國存託憑證每單位為0.20美元）。與去年同期相較，九十五年第二季營收上升36.9%，稅後純益增加85.1[illegible]每股盈餘則增加了84.8%。與上一季相較，九十五年第二季營收[illegible]了5.5%，稅後純益及每股盈餘皆增加了4.3%。這些財務數[illegible]合併財務報表數字，並係依照中華民國一般公認會計準則所[illegible]。 由於特定產品應用領域需求較原先預估強勁，九十五年第二季的營收超越先前的業績展望的高點。來自先進製程(0.13微米及更先進製程)的營收佔全季晶圓銷售的49%，其中單是90奈米製程的營收即佔全季晶圓銷售的2[illegible]毛利率由前一季48.5%上升到本季的51.8%；營業利益率為43%，較前一季的39.7%上升；稅後純益率則從前一季的42%略為減少到41.4%。 本公司財務長暨發言人何麗梅副總經理表示，九十五年第二季[illegible]營收較上一季增加了5.5%，主要是因為通訊產品及消費性產品需求[illegible]上一季強勁，雖然同一時間中電腦產品的需求較弱。又由於產業供[illegible]中的庫存調整，預期第三季客戶整體需求將與第二季相當或稍微下滑。根據對當前業務情況的評估，本公司九十五年第三季的營運展望如下： ・營收介於新台幣790億元到820億元之間； ・毛利率介於48%到50%之間； ・營業利益率介於39%到41%之間。				

以上資料均由各公司輸入後由本系統對外公布，資料如有虛偽不實，均由該公司負責。

一般網站也能查到營收等資料，但這裡能看到比較完整的官方說法。

財測

從94年起，上市公司的財務預測(財測)採「非自願性公佈」，所以，在交易所的網站不容易查到(因為很多公司不願意發布財測)資料。這樣的措施看起來好像對投資人「很不方便」，其實也未必。因為過去公司的財測常有作價、誤導投資人之嫌，比方說，明明公司今年不可能賺錢，公司年初卻發下豪語說今年EPS將高達5元，結果半年過去了，公司發現達不到業績就宣布調降財測，過去，有些公司一年內連調四、五次也是有的(不一定全調降，也有業績大好一直調高的。)與其公布這種不知道有沒有良心的財測，還不如別強公司所難。畢竟，股票市場不怕公司講的不準，只要有題材，總是會影響股價動向。

財測資料的取得

在媒體上我們還是可以看到很多上市櫃公司財測的資料，除了公司自行公布的財測外，外資、券商、投顧以及媒體預估，甚至是投資人自己計算的都有。上網查詢可以直接鍵入關鍵字「券商報告」或「外資評等」之類的，再慢慢找尋。

利用投顧公司的網站直接點選「(預估)EPS」或「(預估)本益比」是最快找得到資料的，但是根據經驗，這些數字準確度只能靠自己「多方參考」了，因為每一家「預估」的都不太一樣。

值得一提的是外資對上市公司的財測、評等與目標價，一般媒體很愛引用，不過，這些資訊是需要付費的，而且價格頗高。

蒐集上市公司的財測與相關的研究報告要留心2件事情：

1.提供資料的券商夠權威嗎？。

2.發表研究報告的人是誰？他有相當的影響力嗎？比方說外資券商的某些天王級的產業分析師的觀點對市場就十分有影響力。

範例：台股外資評等

評等日期：從20050101至20060804

評等日期	代碼	公司名稱	券商	原評等	升／降	新評等	財測EPS(年度)	舊目標價	新目標價
20050124	1101	台泥	摩根	加碼	重申	加碼	1.65(2004)／1.99(2005)	–	–
20050124	6505	台塑化	高盛	符合大盤表現	重申	符合大盤表現	4.85(2004)／5.16(2005)	60	–
20050121	1319	東陽	UBS	買進	重申	買進	3.73→2.99／4.89→3.73(2005)	60	57
20050119	3034	聯詠	美林	中立	升級	買進	9.40(2004)／10.44(2005)	125	–
20050119	5346	力晶	UBS	中立	重申	中立	6.28→6.05(2004)/2.32→2.30(2005)	23.5	–
20050119	5346	力晶	摩根	減碼	重申	減碼	5.98→5.58(2004)／3.91→3.812005)	20	–
……									
……									

Column

公司自己公布財測即使與事實有出入也不會受到什麼處份，不過如果情節重大足以影響投資人權益的話，還是會被證交所警告甚至停止交易或下市，甚至公司的財務長、會計、負責人也會被送法辦。

第四節

如何上網看財報

想要了解每一季公司的財報狀況，可以參考市面販售的「四季報」或「股市總覽」之類的參考刊物。這幾份刊物每季發行一次，內容總結了企業的概況，有分類也有導覽，在比較多個企業時很方便。

利用網路查詢財報資料

除了利用書報媒體外，網路查詢上市公司的財報速度既快又方便。除了前文提及證交所的網站之外，證券公司的網站各式的資料也很齊全，有些必需先開戶有了帳號與密碼才能看到完整的資訊，有些則不需要。而且幾乎所有的服務都是免費的。大型的證券公司網站甚至還附有「篩選器」方便投資人設定選股條件。

本書以一般都熟悉的入口網站蕃薯藤爲例。進入蕃薯藤的首頁點選「股市」——

step①鍵入四位數的股號代碼或公司名稱。

step②公司的基本資料、籌碼面、技術面與業績的資料都可以在下拉選單中找到。

step③先看公司的基本資料，從這裡可以先研判這家公司屬於何種產業。資本額大小也很重要。

step④人是鐵飯是鋼，「營業收入」是企業元氣的根本來由。在季報還沒有出來之前，先由月營收的狀況檢查這家公司的營運狀況。

業績是上升趨勢嗎？

每個網站所整理出來上市櫃公司的項目都不一樣，但重點其實是差不多的，不管採用何種數據目的就在看營運的「成長性」如何，所以，財報的表達方式常常是相對性的——去年跟今年比有沒有一年比一年好，去年第1季跟今年第1季有沒有成長，跟同業比業績成長又是如何。

範例：利用網路看財報的步驟

蕃薯藤站：

http://www.yam.com

step①

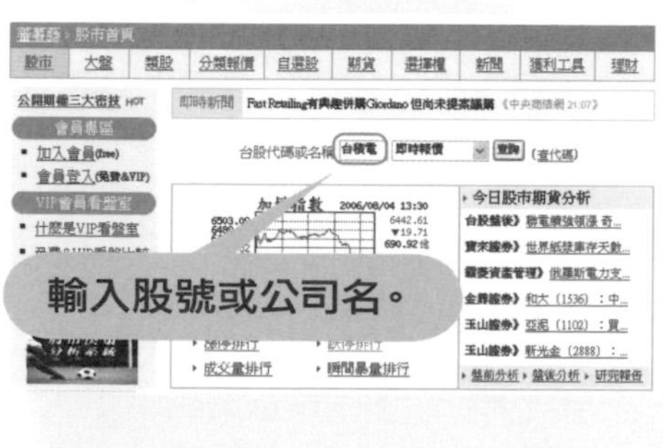

step②

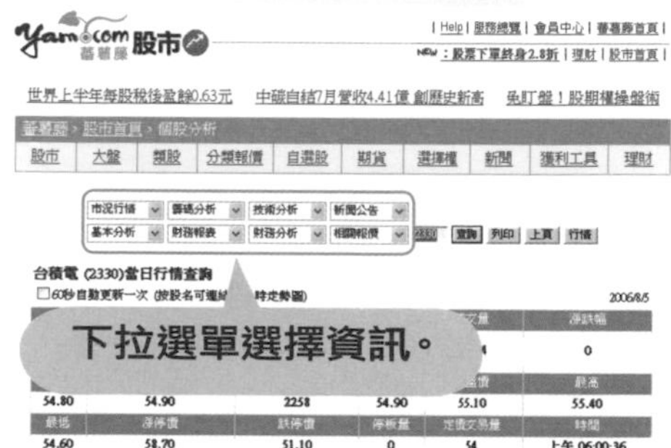

step③

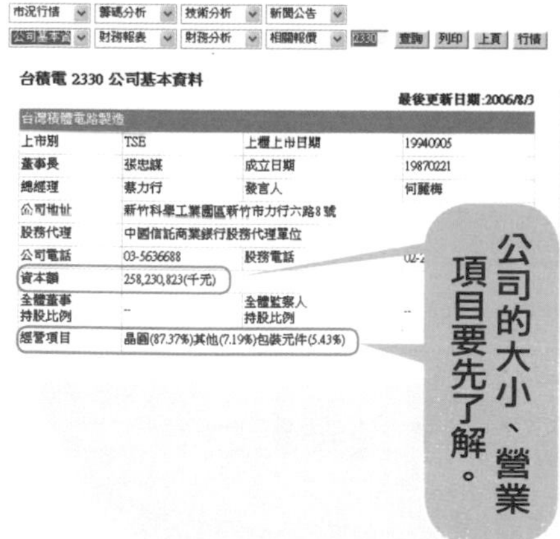

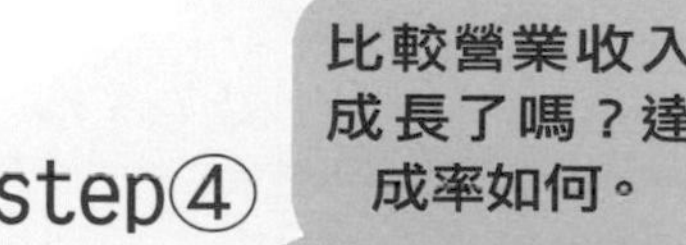

單位：百萬元，%　　最後更新日期:2006/8/2

年月	營業收入	月成長率	去年同期單月營收	去年同期年成長率	累計營收	去年同期累計營收	累計營收年成長率	達成率
2006年06月	27,295	1.96%	20,105	35.76%	158,521	114,169	38.85%	--
2006年05月	26,770	-1.44%	19,508	37.23%	131,226	94,064	39.51%	--
2006年04月	27,162	0.20%	18,903	43.69%	104,456	74,557	40.10%	--
2006年03月	27,107	12.90%	17,610	53.93%	77,293	55,653	38.88%	--
2006年02月	24,009	-8.28%	17,200	39.59%	50,186	38,043	31.92%	--
2006年01月	26,178	-4.52%	20,843	25.60%	26,178	20,843	25.60%	--
2005年12月	27,416	-0.37%	19,919	37.63%	264,588	255,992	3.36%	--
2005年11月	27,518	4.92%	20,986	31.13%	237,173	236,073	0.47%	--

第五節

重點看財報①——檢查利潤

常聽人家說「不要買亂別人報明牌的股票，自己要懂得基本面，要認眞研究財報……。」話雖然這麼說，問題是要看財報的那裡？

本文把財報的重點拆成大兩塊，第一塊先看這家公司會不會賺錢；第二塊就看這家公司未來幾年財務有沒有問題。

初學者先學這兩招，再慢慢的從這些基本元素研究很快便可以上手。

怎麼看一家公司賺錢了嗎？

有沒有賺錢就是看公司的「利潤」，而一般所稱的利潤有三種：

第一種：營業毛利

營業毛利可以檢視企業經營的產品或服務是不是有競爭力。有競爭力的公司，最具體的表現除了營業收入很高之外，就是要毛利高。也就是產品能帶來眞正的銷售利益。

什麼是毛利呢？

假設你開了一家咖啡豆專賣店，每一箱咖啡豆進貨成本是100元，賣出一箱的收入是150元，毛利就是50(150−100)元。

營業毛利率則是營業毛利50÷營業收入150的百分比，也就是33%。

毛利的高低不同產業相距很大。以IC設計公司而言，通常營業額不高，但毛利很高，因爲這種產業賣的是人的「智價」，設計公司一旦有能力製作出搶手的、獨門的商品時毛利有時高達50%以上；反之，若是像大賣場、超商之類的百貨流通業，進一箱沐浴乳500元，可能只能賣550元，毛利常常在一成左右，要有利潤得靠大量的營業額才行。

第二種：營業利益

營業利益有人又稱它爲「營業淨利」，就是企業的本業收入扣除直接的成本再扣除管銷費用就是營業利

計算利潤的三種方式

營業毛利

營業毛利＝營業收入－營業成本

$$營業毛利率＝\frac{營業毛利}{營業收入}\times 100\%$$

營業利益

營業利益＝營業毛利－營業費用

$$營業利益率＝\frac{營業利益}{營業收入}\times 100\%$$

本期淨利

本期淨利＝總收入－總支出

$$每股盈餘＝\frac{本期淨利}{流通在外股數}\times 100\%$$

益。它可以顯示企業的本業是否有賺錢能力。因為營業利益是扣除直接與間接成本，所以也可以顯示出企業的經營控管能力。

把營業利益除以營業收入，就是營業利益率(簡稱：營益率)。如果上例的咖啡豆公司每月要支付人事雜支10，其營益率就是27%(40÷150)。

營益率跟行業別也有很大的關係，軟體業通常擁有較高的營益率，但像百貨業、物流業，必需僱用較高的人工，管銷費用高營益率就不高。

第三種：本期淨利

企業最終目的，是在產生淨利。

簡單的說，就是一段營業期間內，企業的總收入減去總支出。

一家公司可能本業很強賺很多錢，但業外亂投資或是負債過高導致利息壓垮獲利，反而淨利不高甚至出現虧損。

一家出現淨損的公司，表示營運大有問題。相對的，也有公司本業強、業外收入也好，這種公司的經營能力就很強。

以前文的咖啡豆公司為例，如果今年賺了40，而業外投資又賺了20，淨利就是60(40+20)，因為這是未繳稅前的獲利，所以就叫稅前淨利。

如果當年度必需繳稅5，稅後淨利就是55(60−5)，稅後淨利也叫本期淨利。

以稅前淨利除以這家公司流通在外的股數，得到的數字就是稅前每股盈餘；以稅後淨利除以這家公司流通在外的股數，得到的數字就是稅後每股盈餘。一般都會以EPS稱之，所以，在財報上經常會看到EPS(稅前)、EPS(稅後)。

查看營收和營益的發展

最基本看財報的方向，就是查看上述這三種利潤的情況如何，如果這三種指標都有上升的趨勢，第一關算是通過了，也可以說是暫時合格的股票。

範例：業績成長了嗎？公司賺錢了嗎？

由蕃薯藤查詢台積電：

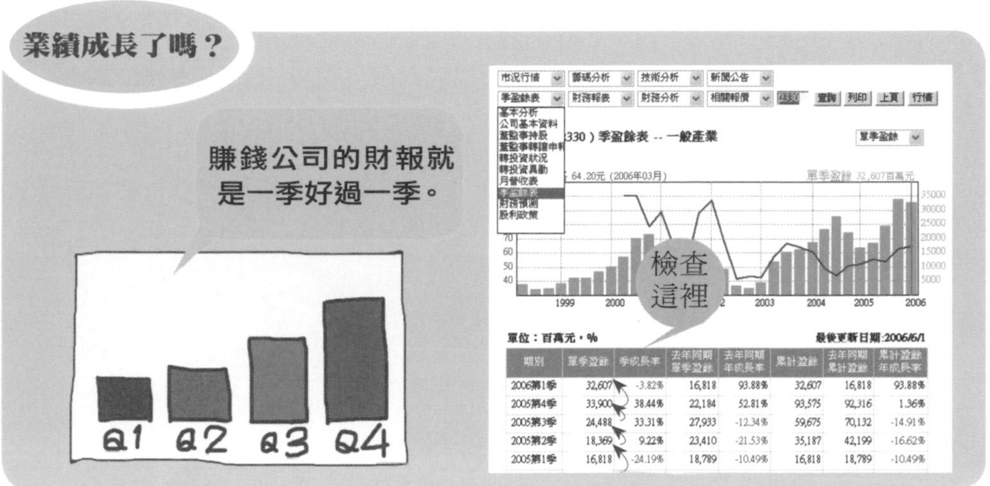

期別	單季盈餘	季成長率	去年同期單季盈餘	去年同期年成長率	累計盈餘	去年同期累計盈餘	累計盈餘年成長率
2006第1季	32,607	-3.82%	16,818	93.88%	32,607	16,818	93.88%
2005第4季	33,900	38.44%	22,184	52.81%	93,575	92,316	1.36%
2005第3季	24,488	33.31%	27,933	-12.34%	59,675	70,132	-14.91%
2005第2季	18,369	9.22%	23,410	-21.53%	35,187	42,199	-16.62%
2005第1季	16,818	-24.19%	18,789	-10.49%	16,818	18,789	-10.49%

賺到錢了沒有？

毛利高產品技術能力好，取得市場領先。

看本業表現如何。

營業利益加(減)業外收支，就是稅前淨利。

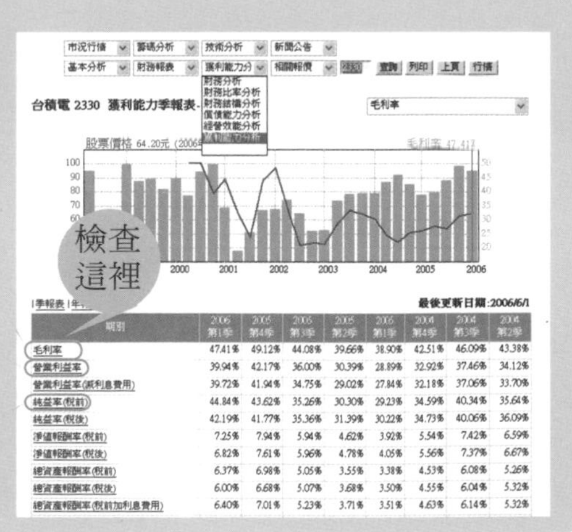

期別	2006第1季	2005第4季	2005第3季	2005第2季	2005第1季	2004第4季	2004第3季	2004第2季
毛利率	47.41%	49.12%	44.08%	39.66%	38.90%	42.51%	46.09%	43.38%
營業利益率	39.94%	42.17%	36.00%	30.39%	28.89%	32.92%	37.46%	34.12%
營業利益率(減利息費用)	39.72%	41.94%	34.75%	29.02%	27.84%	32.18%	37.06%	33.70%
純益率(稅前)	44.84%	43.62%	35.26%	30.30%	29.23%	34.59%	40.34%	35.64%
純益率(稅後)	42.19%	41.77%	35.36%	31.39%	30.22%	34.73%	40.06%	36.09%
淨值報酬率(稅前)	7.25%	7.94%	5.94%	4.62%	3.92%	5.54%	7.42%	6.59%
淨值報酬率(稅後)	6.82%	7.61%	5.96%	4.78%	4.05%	5.56%	7.37%	6.67%
總資產報酬率(稅前)	6.37%	6.98%	5.05%	3.55%	3.38%	4.53%	6.08%	5.26%
總資產報酬率(稅後)	6.00%	6.68%	5.07%	3.68%	3.50%	4.55%	6.04%	5.32%
總資產報酬率(稅前加利息費用)	6.40%	7.01%	5.23%	3.71%	3.51%	4.63%	6.14%	5.32%

基本認識篇
股價漲跌篇
選股方法篇
本益比實戰篇

第六節

重點看財報②——排除瀕臨倒閉的公司

看財報另一個重點是確認公司「是否瀕臨倒閉」！

業績好，貸款過多或是現金不足的公司也有倒閉的危險。因此要對財務體質進行確認。

注意負債比率過高的公司！

「總負債佔總資產比率」是說明公司經營舉債比率高低的計算工具。也就是公司資產中，借款的部分所占比例。

公司的總資產扣除股東自己的資產後所剩部分叫總負債。總負債跟總資產相比就是「總負債佔總資產率率」。

負債比率越低表示財務愈安全。但達到百分之多少才可以說安全？各個行業不同最好的方式是跟同業相比。例如銀行和不動產等行業，負債比會比較高，但如果高到超過100%，那就非常危險。這種公司，基本上可以排除在投資選擇以外，因爲這個數值高過100%顯示公司經營過度擴張，將來資金周轉有可能出現困難。

但對於股東來說，負債比率過低也不是好現象，因爲如果公司有能力借到低利的資金，可以創造高利潤的收益，股東可以因公司的「低息舉債經營」而獲得更多的報酬。

由流動比率看償債能力

負債比也不高，是不是就可以讓投資人高枕無憂？

負債比不高可說公司體質健康，但短期現金流動如何？也很重要。

試想，如果一位大地主手邊沒有現金，可能連碗陽春麵都吃不起。因此，投資前要查看「流動比率」與「速動比率」，看看這家公司短期償債能力如何？

流動比率就是一家公司手上的流動資產除以流動負債的比率，流動資

範例：公司有沒有向外借太多錢？

由蕃薯藤查詢台積電：

借錢比率高嗎？

負債比率愈高，表示借錢借愈多；比率愈低，財務就愈安全。

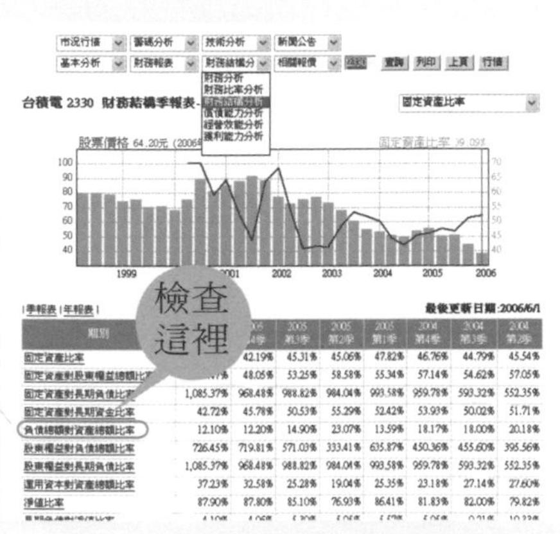

期別			2005 第3季	2005 第2季	2005 第1季	2004 第4季	2004 第3季	2004 第2季
固定資產比率		42.19%	45.31%	45.06%	47.82%	46.76%	44.79%	45.54%
固定資產對股東權益總額比率		48.05%	53.25%	58.58%	55.34%	57.14%	54.62%	57.05%
固定資產對長期負債比率	1,085.37%	968.48%	988.82%	984.04%	993.58%	959.78%	593.32%	552.35%
固定資產對長期資金比率	42.72%	45.78%	50.53%	55.29%	52.42%	53.93%	50.02%	51.71%
負債總額對資產總額比率	12.10%	12.20%	14.90%	23.07%	13.59%	18.17%	18.00%	20.18%
股東權益對負債總額比率	726.45%	719.81%	571.03%	333.41%	635.87%	450.36%	455.60%	395.56%
股東權益對長期負債比率	1,085.37%	968.48%	988.82%	984.04%	993.58%	959.78%	593.32%	552.35%
運用資本對資產總額比率	37.23%	32.58%	25.28%	19.04%	25.35%	23.18%	27.14%	27.60%
淨值比率	87.90%	87.80%	85.10%	76.93%	86.41%	81.83%	82.00%	79.82%

公司的總資產 ＝ **他人的資產(=負債)** ＋ **自己的資產(=股東資產)**

總負債佔總資產比率 ＝ $\dfrac{\textbf{負債總額}}{\textbf{總資產}}$

負債比率愈高表示企業借錢愈多，借太多錢公司就不穩。但有的行業會借款很多，所以要跟同行相比較客觀。

產（又稱：「短期資產」指的是一年內或一個營業循環內，可轉換為現金的資產）大於流動負債（一年內到期的負債）時，表示公司一年內的營運資產所帶入的資金流量可以清償負債。相對的，如果流動負債大於流動資產，就會出現「資不抵債」的情形。

計算公式——

流動比率＝流動資產／流動負債

如果企業的流動比率高於２倍（２００％），表示企業在短期償債能力上不會有問題，如果在２倍（２００％）以下，甚至有嚴重偏低的情形時，表示企業在財務的控管上有缺失，就得小心了。

右圖台積電當年度的流動比率高達627.9％，表示台積電是錢多多的企業，流動比率在6倍以上的企業，償債能力可說是穩如泰山。

你可以隨便找幾家公司看一看他們的速動比率如何。就可以比較出並非每一家上市上櫃公司都像台積電現金這麼充裕的。

由速動比率看短期償債能力

「速動比率」跟前面的「流動比率」只相差一個字，速動資產是流動資產中的一部份，就是企業可以快速變現的所有資產，包現金、銀行存款、債券、股票、應收帳款及應收票據。簡單來說，「速動」比「流動」的變現性還要高。速動比率的概念與計算方式一樣，只把分子改成「速動資產」。

計算公式——

速動比率＝速動資產／流動負債

所以，所謂的「速動比率」就是用速動資產清償流動負債的比率。

速動比率高，公司償債能力強；速動比率低，表示公司償債能力差。

一般當速動比率大於1倍，算是企業具備了安全償債能力；低於1時，就表示公司短期的資金調度能力較吃緊。

範例：短期公司有沒有倒閉的危險？

由蕃薯藤查詢台積電：

期別	2006 第1季	2005 第4季	2005 第3季	2005 第2季	2005 第1季	2004 第4季	2004 第3季	2004 第2季
流動比率	627.92%	613.84%	384.70%	209.66%	421.59%	286.40%	383.80%	347.53%
速動比率	559.23%	537.01%	340.73%	186.19%	361.38%	245.85%	345.72%	307.85%
現金與流動資產總額比率	45.68%	43.22%	35.42%	43.23%	37.70%	37.73%	41.45%	46.22%
現金與流動負債比率	286.83%	265.29%	136.27%	90.63%	158.93%	108.07%	159.10%	160.62%
運用資本與流動資產比率	84.07%	83.71%	74.01%	52.30%	76.28%	65.08%	73.94%	71.23%
短期借款與流動資產比率	0.00%	0.00%	0.00%	0.00%	0.00%	0.00%	0.00%	0.00%

Column

看財報，初學者一開始不能貪多，先就一、兩個項目看懂了之後逐漸加多會計項目會學得比較輕鬆。如果一口氣想把每個會計項目先搞懂，等到接觸財報的時候，還是會「霧煞煞」。

第七節
判斷利潤是否會增加

業績的發展過程確認完畢後，確認公司是否完成了本期的業績預測，重要的是未來是否仍持續這樣的好勢頭。

業績預測影響股價變動！

比起過去和現在，看準未來對於投資股票來說更加重要。尤其是公司公佈的業績預測，所有投資人都很關注。

預測資料當然有它的好處。不過，判斷預測是否眞正符合實際也很重要。有時公司的預測可能不準。因爲預測是自我報告，有的公司預測樂觀，也有的公司會保守預測。

再美好的預測，如果不準確，那也只是畫餅充饑。一旦公佈向下方修正，失望的投資者們會同時將持有的股票賣出。如果這樣，股價會暴跌……！

在公司還沒有調整獲利目標之前，證券公司、投信、網站都會有一些評估報告，包括業務是否如期？重大計畫的達成率如何？此外，也會有公司董事長或重要經理人的訪談，這些在正式財報尙未出爐前都會有些風聲與資料。尤其要留心產業龍頭重量級人物的訪談，如果企業家本身已建立起相當的信譽，他個人對企業未來樂觀或悲觀往往會大大的影響未來股價。

除了看財報了解業績的成長狀況，還要再確認以下4點。

1.公司規模是否過大

股本大的公司，可以顯示以往經營績效良好，所以累積了較多的經營資本。不過，也因爲股本大，另一個意義是獲利難度提高了。

這就像大小不同的兩個盤子，小盤子只要裝一瓢水盤子就很滿了，但大盤子裝了同樣的一瓢水，卻對整體

還會成長嗎？很重要

Column

下方修正

公司將業績預測往下修正。新的一年剛開始企業會公佈上一年的決算（業績結果）和新一年的業績預測。如果之後的發展沒有預想的順利，就要將預測往下修正。

影響不大。這也就是爲什麼熟悉股市的老手，不喜歡大股本公司的緣故，因爲比起小公司而言，要長期提供良好的盈餘相對不易。

早期台灣的科技類股採高配股的股利策略，一方面企業爲了取得商機必需不斷的擴充資本，所以獲利多數並未以現金發放給股東而是盈餘轉增資配發股票。對投資人來說，高額配股意味著股本大獲利稀釋，但因爲有「高成長」爲題材，投資人也樂得參與除權。然而，股本愈來愈大等於分母加大，除非利潤能跟得上股本的同步增長，否則獲利一定會稀釋。

2.商品和服務是否有魅力？

選公司不能只看每股盈餘、本益比，還要看公司的價值。

所謂的價值，經營團隊過去爲股東所創造的利潤、淨值並不代表未來就能不斷的持續，公司的產品或服務是否有魅力，公司特有的優勢在哪裡？這是未來業績增長的前提。

3.還會迅速增長嗎？

產業前景不明是企業成長趨緩的重要原因。相對應的來說就是產業前景大好，且公司掌握了獨特難以取代的優勢時，企業成長可期，股價自然大有表現空間。

因此，投資人要多方面判斷「公司業績還會增長嗎？」是否剛起步，還是業務已經擴大到一定程度了？

如果企業現在很有人氣，但繼續增長的餘地不大，那麼業績和股價的增長可能不會很順利。

4.競爭是否過於激烈？

是否有競爭公司？如果有，對方會不會對該公司構成威脅。再有希望的公司，如果競爭對手過多，競爭過於激烈，獲利可能會變得困難。

競爭激烈化導致過度降價捲入價格戰，使得公司業績惡化就是典型的例子。業務只有這個公司能做，或者新進公司很難參與的相對來說比較好。

比起過去的業績，未來的更重要

就像賽馬一樣，過去的成績只能當參考。

Column

法說會

法說會是「法人說明會」的簡稱。上市公司為了向公司的大股東、市場上的三大法人(包括外資、投信、自營商)報告公司最近的訊息與未來前景，大都會選在每一季的季報公布前(或半年報公布前)召開法說會。

在證交所的公開資訊觀測站或上市公司自己的官方網站都可以找得到召開的日期。不過，這不是股東會，所以不對一般股東開放。

理論上法說會中如果公布利空或利多消息，應該會影響股票價格。不過，通常只有很短期的影響或完全不影響，因為不管利多或利空，在法說會前股價通常會提前反應，法說會只是「說一說」而已。

4章 128～155

PeR

業績・股價淨值比
個人投資家
本益比實戰篇

道聽途說也可以，

發現「好像很有潛力」也可以，

自己猜一猜也可以。

看到有喜歡的股票，

先試著從許多角度判讀本益比，

進行短期或長期投資都很實用。

第一節
股票便宜度的標準——本益比

用500元買1000元的東西！在股票投資上有沒有這樣的方法？

有，那就是本益比。

不過，要買「便宜」的股票，得先確認是值得投資的好股票。

這就像一支你很喜歡的手錶，不要用20萬去買只值10萬元的錶，但如果你能只花5萬元就賣到值10萬元的喜歡的手錶，那就很超值了！

投資一定要知道本益比

股票也一樣。先尋找有價值的股票，然後用非常便宜的價格買下。

20世紀最成功的投資家華倫·巴菲特(Warren Buffett)靠投資積累了龐大的資產。他認爲投資股票成功的最大秘訣在於「就像以50美分換1美元一樣來購買股票」。也就是說，「價值1元的股票，等到價格是0.5元時候再買」。

前文我們討論過本益比中的「本」指股價，也就是想由市場上買進股票的「成本」；「益」就是指每股稅後純益。如果A股票的本益比是10，表示A股票的市價就是每股稅後純益的10倍，也就是投資人必需付出這家公司每年獲利能力的10倍來購買這張股票。

股票夠便宜了嗎？

本益比是從公司的效益（利潤）出發判斷股價是否便宜的工具。

也就是價格是每股利潤的幾倍。

舉例來說，每股利潤爲每年10元的公司，現在的股價是100元，那麼本益比就是10倍（100元÷10元）。同樣，如果每股利潤爲每年10元的公司，現在的股價是200元，本益就是20倍。

用利潤10倍的價格買和20倍的價格買，當然是10倍的價格比較便宜。因此，本益的數值越小股票越便宜。

看看股價有幾度便宜——本益比

那個便宜？

A 每股利潤每年10元　股價100元

B 每股利潤每年10元　股價150元

再跟C比，那個便宜？

A 每股利潤每年10元　股價100元

C 每股利潤每年15元　股價120元

計算本益比

$$本益比 = \frac{股價}{每股利潤}$$

本益比值低的價格相對便宜

A 的情況 $\frac{100元}{10元} = 10倍$

C 的情況 $\frac{120元}{15元} = 8倍$

A是以利潤的10倍買，C是以利潤的8倍買，所以是C比較便宜。

基本認識篇　股價漲跌篇　選股方法篇　本益比實戰篇

第二節

比起實際本益比，預測更重要！！

報紙和網上的資訊上看到的本益比，通常指的是「實際業績本益比」，也就是「已知本益比」。

三種本益比

本益比的公式是：P/EPS。

分子P(PRICE)是「價格」指的是現今的價格；分母EPS(Earnings per share)如果採用的是過去的EPS算出來的就是已知的本益比，採用未來測預的EPS算出來的就是預測的本益比。市場上會聽到「本期預測」可能聽不習慣。它是指「現在所處年度的業績預測」。總括來說本益比有三種。

．已知本益比

已知本益比反應的是過去獲利狀況與現今股價的比值，比方說從證交所查詢95年6月，台積電的本益是多少，其計算方式分子是95年6月30日的收盤股價；分母是台積電最近四季公告的稅後純益(稅後EPS)，也就是94年第2季到95年第1季每股稅後純益。

雖然這個數字正確，但對於股價的評估，這項指標就顯得落後了，因爲它是以過去的表現爲基礎。

．預估本益比

上市上櫃公司會針對未來一年發表營收與獲利目標(但沒有強制性)，以這些預估值當基礎所計算的本益比就稱爲預估本益比。

此外，外資、證券公司、媒體、投顧……也會有自己一套計算方式推算企業的獲利預期，由此推算出預測的本益比。

預估本益比 ＝ 當日股價÷預估當期的每股獲利

預估本益比由於涵蓋尚未發生的未來變化，因此仍有相當多的不確定因素。

要運用預估本益比，必須要隨時

本益比幾種不同的計算方式

已知本益比

過去獲利狀況
與目前股價的比值

預估本益比

未來獲利目標
與目前股價的比值

相對本益比

相對於同行或市場
與目前股價的比值

基本認識篇
股價漲跌篇
選股方法篇
本益比實戰篇

Column

預測本益比就像預測現在「正在進行的賽跑結果如何？」人們所關心的不是結束的賽跑，而是現在正舉行的賽跑的結果預測。而且，下一輪賽跑的預測也很重要。

麻煩就在於：報紙上只簡單說「該公司的本益比是×倍」。有時可能指實際業績本益比。

觀察產業與公司動態，換言之就是把成長率預估值一併計算進去。

所以，外資又常參考本益比/盈餘成長率比值PEG(Price-Earnings/Growth Ratio)。

PEG＝本益比/盈餘成長率

PEG值是衡量股市相對投資價值及盈餘成長性的綜合指標，考量價值（本益比）及成長（盈餘成長率）兩大投資取向。PEG值愈低，代表股市本益比愈低，盈餘成長性愈高，或兩者兼具，投資增值潛力也相對較大。一般都會採最近一季本益比/最近一季預估成長率。在網路上鍵入「PEG排行」也能搜尋很多家證券公司已經整理好的數字。

當然，這種預估獲利成長率也同樣有不確定因素存在。

．相對本益比

從本益比來評估股價是否便宜雖然聽起來很合理，但用常理來判斷就知道其中有許多矛盾之處，比方說投資小吃店跟大飯店風險與報酬率是不一樣的，計算小吃店可能1年(本益比=1)就回收，但大飯店可能算出來得20年(本益比=20)才回收。但若把同一樣一條街的很多家小吃店一起比較；把同一區域的大飯店一起比較，所得的本益比就有意義多了。

這也就是相對本益比的概念。在得知個股、行業別以及市場的本益比之後，即可求得相對本益比，可以很多種比較方式

相對本益比＝

個別股票的本益比/ 行業別本益比

相對本益＝

行業別本益比 / 市場的本益比

由相對本益比可了解個別股票的在所屬行業或整個市場中的相對高低。

例如甲公司的本益比為15，其行業別本益比為10，則其行業中的相對本益比為1.5，表示其本益比高出其行業別本益比百分之五十。

範例：看看各家公司的本益比 2005/4/28

產業別	股票名稱	股價	2005年EPS	已知本益比	2006年預估EPS	預估本益比
鋼鐵	中鋼	31.15	5.01	6.22	3.1	10.05
鋼鐵	豐興	33.15	4.2	7.89	3.8	8.72
鋼鐵	燁輝	14.25	1.35	10.56	1	14.25
同業平均				11.55		12.43
水泥	台泥	25	2.15	11.63	2.28	10.96
水泥	亞泥	24.95	2.85	8.75	2.26	11.04
水泥	嘉泥	17.1	0.42	40.71	0.55	31.09
同業平均				20.24		17.68
移動通訊	美律	112.5	4.21	26.72	7.08	15.89
移動通訊	宏達電	1020	33	30.91	69.01	14.78
移動通訊	華寶	224	6.9	32.46	15.89	14.10
移動通訊	華冠	53.3	0.04	1332.50	3	17.77
同業平均				182.63		14.20
TFT LCD	奇美電	45.35	1.57	28.89	4.46	10.17
TFT LCD	力特	39.15	-1.55	-25.26	5.13	7.63
TFT LCD	中強光電	60	4.5	13.33	5.28	11.74
同業平均				27.33		11.19

預估本益比每個單位提供的數字都不太一樣。

同行業互相較。

新興產業本益比會偏高。

第三節

本業盈餘、業外盈餘與本益比

那麼，本益比多少才划算呢？從過往經驗和世界各國股市看，本益比平均大概在15–20倍之間。

一般認爲本益比在15倍以下的股票是逢低買進的標的之一，如果本益比低於10，以長期投資的方式持有通常可以獲利。如果本益比已經高過20甚至30、40就已經算貴了。

靈活運用本益比

不過上面這樣的區分方法是很籠統的，再回頭看一次本益比的公式：分子是股價，分母是每股盈餘。

所謂的每股盈餘(EPS)爲公司獲利能力的最後結果。大分獲利的來源可分爲業內與業外，比方說一家食品工廠主業是食品銷售，但今年它賣掉了一塊土地獲了一大筆錢，如果今年的EPS一共賺了5塊錢，其中主業食品的部份賺了2塊錢，賣土地賺了3塊錢，如果你是「當股東，分紅利」的心態，就可以以EPS有5塊錢來計算，因爲投資人分享得到公司今年所有的獲利。但土地賣掉了就是別人的，這種**業外收益並非長期穩定的獲利，在實際的投資行爲上估算本益比時，應該把非恆常性的業外部份扣除比較合理。**所以，最好的方式還是攤開企業的財報仔細的看看，如果這家公司今年很賺錢，它是本業貢獻的多呢？還是業外佔一大塊呢？

試想，假設這家食品公司現在股價是50元，計算EPS用5塊錢計，本益比就是10倍，看起來股價好便宜，但如果扣除業外的3塊錢，本益比是25，顯然就太貴了。

本業獲利所代表的意義表示公司具有某種較佳的能力，無論是產品行銷、技術能力、管理能力等等，使得公司可以用較少的資源創造出較高的獲利。但業外獲利就不一定了。

本益比幾倍合理？

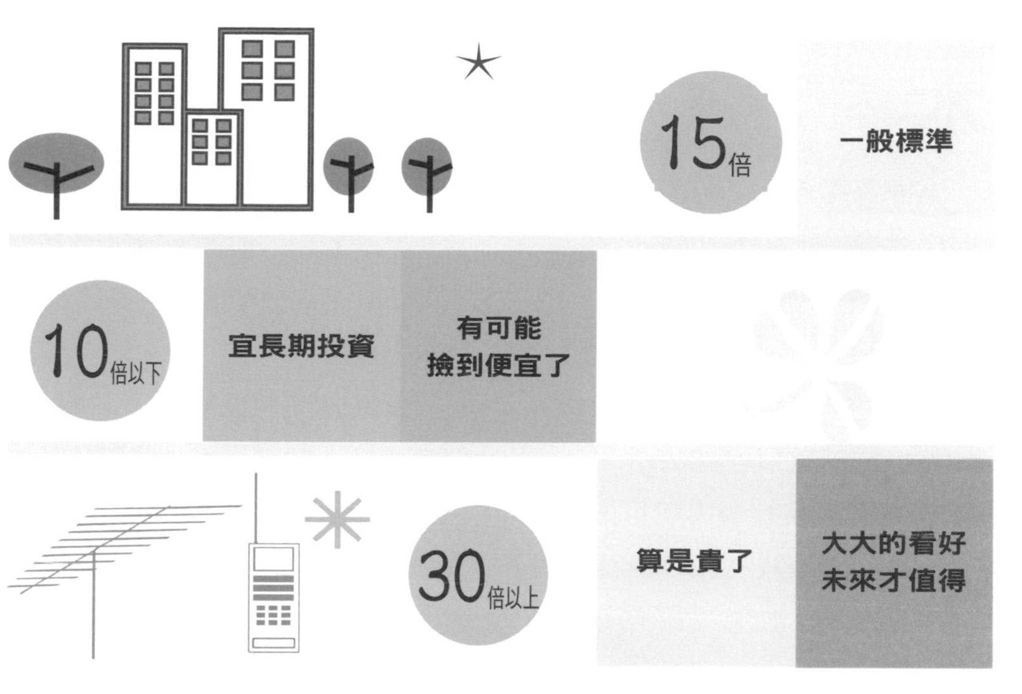

Column

根據證券交易所的統計，2006年六月底集中交易市場上市股票平均本益比為16.82倍；

未含金融保險類之本益比為15.34倍；

未含電子類之本益比為16.43倍；

未含金融電子類之本益比為12.67倍；

各產業類股本益比最高者為食品類44.71倍；最低者為水泥類8.74倍。

第四節

成長快速的公司本益比高

本益比太高就表示「太貴」，可是市場上很多股票明明本益比已經很高到20倍、30倍甚至50倍了，卻有人搶購這是怎麼一回事呢？

本益比是投資期望晴雨表

還記得前面提過，一般所說的本益比，都是指已知本益比吧!

股價是反映投資人對企業未來的營運看好或看淡，因此對未來成長想像空間愈大的股票，市場所給予的本益比就愈高。

比如，今年每股利潤是10元的公司，今後3年大家認爲它會持續成長20%。每股利潤變化是明年12元，2年後14.4元，3年後17.2元。

3年後，每股利潤從10元只增長到12元的公司與由10元和增長到17.2元的公司相比，投資人在投資心態上將會認爲，他們可以花比較多的錢去買可能利潤到17.2元的公司，由於市場上迅速增長型的股票很受投資者歡迎，買氣旺股價上漲，本益也變高。

所以，如果看到一家公司它的目前本益比已經超過20倍就由此判斷「比標準值高，不買這家的股票」，並不一定正確。

投資者期待(也預想)未來該公司迅速成長，所以心中的股票價格是按增長後那一刻的利潤判斷的，這個道理很容易理解，雖然投資人理性上會說「本益比還是不要太高好」，可是當你發現這家公司未來業績會持續快速成長時就覺得有必要把本益比提高。

別的投資者也認爲，成長快的公司即使目前價格貴還是可以買，所以目前的市價就被愈疊愈高了。本益比標準值是15倍，有的投資者心理標準可能是20倍、30倍、40倍不等。

何謂快速成長型公司？沒有明確的定義。一般預期「3年持續20%成長率」，就算是高成長型公司。

利潤快速成長型的公司本益比變高

股價200元，目前本益比20倍

今年公司賺10元，假設每年盈餘成長20%，明年就是賺12元，後年賺14.4元。如果我以後年預期的的獲利能力當成本益比的標準EPS就設定爲14.4。

・**設定本益比15倍(一般水準)的思考……**

每股利潤 × **本益比** = **股價**

14.4元 × 15倍 = 216元

・**設定本益比20倍(對於成長型公司期待)的思考……**

14.4元 × 20倍 = 288元

・**像這樣，如果把未來成長性也考慮進去股價好像300元以內都算合理不是嗎？**

投資人對於高成長的公司，本益比就會設定高一點，所以，有些股票即使很貴還是有人買。

第五節

高成長企業本益比是成長率的1～2倍！

企業的獲利成長率跟本益比有很高的相關性，如何找出相關性的標準呢？

成長型股持有愈久成本愈低

右圖甲和乙公司的2006年每股利潤都是1元，甲股價是10元，乙股價是20元。本益比分別是10倍和20倍。

如果單由眼前的本益比來看，就會覺得甲公司很便宜，乙公司比較貴。

但是，如果往後推三年看。甲公司的成長一年不如一年，乙公司每年成長20%，由三年後的業績計算所得的本益比，甲公司是20倍（10元÷0.5元），乙公司是13.9倍（20元÷1.44元）。這樣一來，就不會感覺甲公司的股價10元很便宜，反而覺得乙公司的股價20元比較划算。雖然在2006年的利潤都是1元。

再看看丙公司，2006年每股利潤也是1元，股價30元。本益比為30倍。看起來會感覺"好貴啊！"。

但是，如果3年後丙每股利潤是2.25元（每年增長50%），本益比將變為13.3倍。這樣，就會覺得很便宜，買了很划算。

甲公司的3年後利潤減半，股價現在即使只有10元，還是應該覺得貴。相對的乙公司增長率如果是20%，股價現在即使是20元（本益比爲20倍）；丙公司增長率如果是50%，股價即使目前是30元（本益比為30倍），也會應該算便宜。

便宜？貴？配合成長表現

由此可見，本益比與對企業成長率的預期有很高的相關性，一般說來，如果目前已知本益比在成長率的1倍以下，股價算是便宜，在成長率的2倍以上，可以說是貴了。

比方某家企業預估未來的盈餘成長率是20%，本益比在20～40倍間

考慮成長率的話，那一個貴？

時間 ╲ 公司別	目前股價	EPS每年預測			本益比	
	2006年	2006年	2007年	2008年	2006年	2008年
甲	**10**	1	0.8	0.5	10/1＝**10**倍	10/0.5＝**20**倍
乙	**20**	1	1.2	1.44	20/1＝**20**倍	20/1.44＝**13.9**倍
丙	**30**	1	1.5	2.25	30/1＝**30**倍	30/2.25＝**13.3**倍

目前，丙是甲的3倍貴！！

計算成長率，丙最便宜。

Column

企業能不能持續成長可以從經營團隊、基本面和所屬產業財報研判。

快速成長型的公司特色是股本不大，但不一定是經營高成長產業的。只要在產業中有機會擴張，有機會享有高市佔率也算。

當然，高成長往往伴隨高風險，特別要留意財務結構是否安全。

變動都算是正常的。如果本益比在20倍以下就算便宜，本益比在40倍以上就算貴；假如企業預估未來的成長率是25%，計算成長率的1～2倍就算出本益比在25～50倍間變動都算是正常的。如果本益比在25倍以下就算便宜，本益比在50倍以上就算貴。

因此，本益比到底幾倍才合理，跟企業的盈餘成長率有很大的關係。如果有一家企業，今年業績確實成長快速，但明年成長趨緩，那麼，剛才所提到的經驗規律當然就不適用了。

想想當初爲什麼會給予這家企業較高的本益比？理由在於成長型的公司具備「持有愈久，成本就愈低」的特性，所以投資人願意比買其他股票的價格貴買進，若是原先的成長因素不見了，自然就不適用了。

此外所謂的「成長率」，指的是營收成長率？營益成長率？還是盈餘成長率？因爲本益比是根據「盈餘」計算，理論上應該是盈餘成長率，但實際上不管採那一個指標都是預估性質，如果就各方面的預測這家企業的業績成長率未來三年分別為30%、20%、25%，以這種形勢變化，大約就可以捉最保守的估計20%當成標準計算。不過即使是公司的董事長也難以準確的預估業績的成長率，所以估計的時候要慎重行事。

一般說來，企業連續幾年持續高成長率是很難的。所以，這種計算方式通常只適用於高成長型的企業初期，若是成長已經趨緩，股本也愈來愈大就較不適用。

高本益比＝高風險

有些新興產業往往會出現本益比高到不合理的情況。本益比過高，股價難免就會出現高時很高、低時很低、價格直上直下瘋狂變動，風險也會增加。

對於保守的投資人，這種股票還是少碰爲妙。

除了預測，還是得看實際表現調整本益比

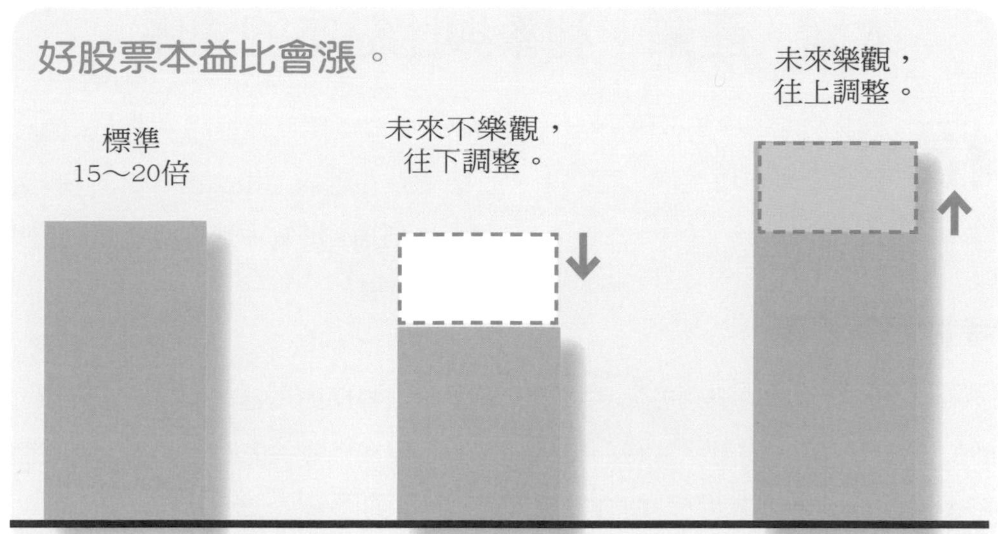

本益比可以捉成長率的1~2倍

如果**利潤成長率是20%**
本益比就可以**捉20～40倍**。

但這樣的算法只適用於高成長型企業的初期。

第六節

大盤、產業、利率與比益本的關係

根據證交所2006年6月的統計，集中交易市場上市公司的平均本益比是16.8倍。

考量大盤表現

16.8倍！！這樣的表現若站在10年前那是很不可思議的事，當時台股平均本益比在20～25之間，即使有很嚴重的政治因素也很少低於20。由此可知，不能將本益比的數據「標準化」，大環境的因素還是非常重要的。

考量產業特性

比較起來高科技產業類股本益比高股價具爆發性，但風險也大。傳統產業雖本益較低，但風險也低。

此外，季節因素與產業景氣循環也影響本益比高低的判斷。

例如證券、原物料產業等典型的景氣循環股，在景氣很接近頂峰時本益比會比較低，在景氣谷底剛要復甦時，其本益比反而很高。景氣循環股始終是在景氣還未到高峰之前，股價就先到頂，景氣未到谷底之前，股價就先落底。

所以，投資景氣循環股，切忌在景氣高峰期因本益比低而搶進股票，也不要在景氣谷底期因本益比過高而放棄長期投資的機會。

考量利率水準

買股票，誰都希望投資報酬率比定存好，所以當利率調低，本益比的期望值就該要設定得愈高。

舉例來說，定存利率10%，存100萬，一年賺10萬，如果這是一張股票它的本益比就：P/E=100萬/10萬=10倍，尋找高於定存的投資管道其本益比得低於10才合理。當定存利率是5%，本益比是：P/E=100萬/5萬=20倍，尋找高於定存的投資管道其本益比得低於20才合理，依此類推

企業的經濟生命周期

本益比外，仍要配合觀察企業正處於那一個階段。

發展期

為建立市場、改善產品而產生虧損。

成長期

需要現金追求成長，所以，向外借款、發行更多股票、把盈餘保留下來。

成熟期

營業額增加，現金多過於需求。

夕陽期

營業走下坡，現金慢慢的耗掉。

第七節

使用PBR、PER與業績三大武器

看起來這家感覺好像會成長……

那就從股票淨值比(PBR)、本益比(PER)、業績一步一步的確認。

淨值，是股價下跌的底線

PBR在前文有介紹過，它是由公司的資產來看現在股價是否便宜的標準，計算公式是：股價/每股淨值。

也可以說成「股價，是每股股東資本的的多少倍。」淨值的意義就是如果公司清算按純資產退還給每股股東，還能拿到多少錢的意思。因此，如果股票價格低於這個數字，是有點不可思議的。

理論上PBR是大於1的，但實際上PBR小於1的公司有不少，這些公司有些是業績不好，有些是特殊原因使得股價便宜。如果是產前景不佳，或是經營能力有問題的敗壞公司當然

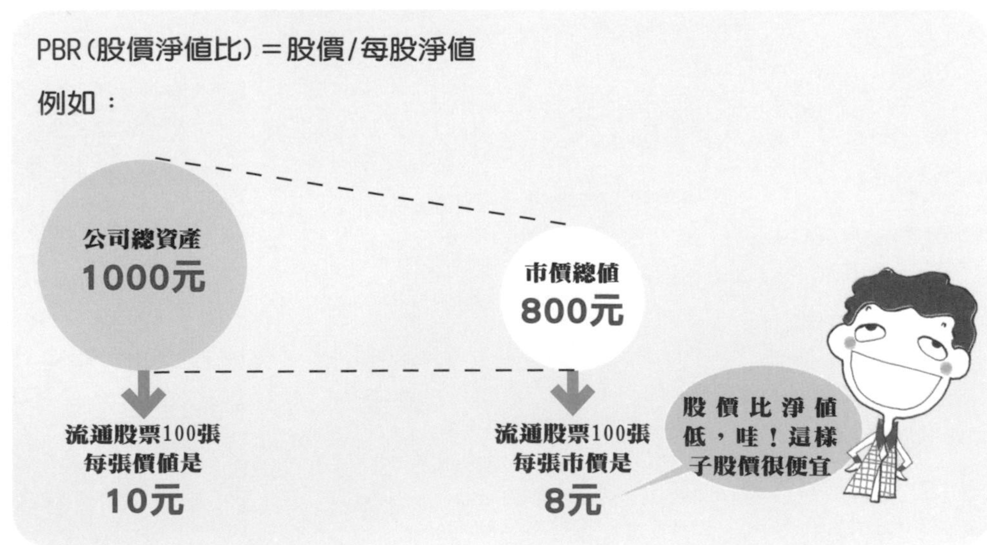

以PBR為1當成基礎的兩種情況

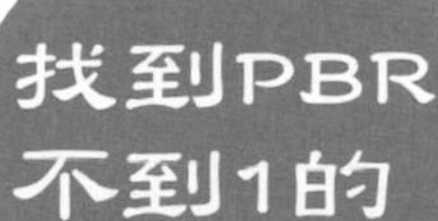

股價有上漲的機會

目前股價不到PBR1，可能PBR會升到1倍，但需要時間。

PBR1倍

現在的股價→

找到PBR
跌到靠近1

股價有也上漲的機會

股價跌到快靠近PBR1倍是有機會上漲的。

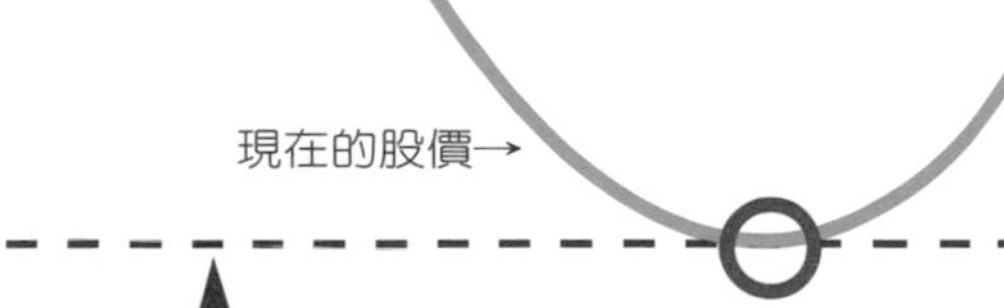

PBR1倍

不過，這種情況的選股方式，前提是公司的基本面不錯。

就別去理它了，但是，如果只是因爲一時的外在因素使得股價下跌，且公司的負債比不算太高(借太多錢經營)、營業收入、經常利潤持續增加，股價跌到淨值以下，就是值得買進的標的。

因此，如果我們把每股淨值當成股價的「定價」，它跟股價的關係如下：

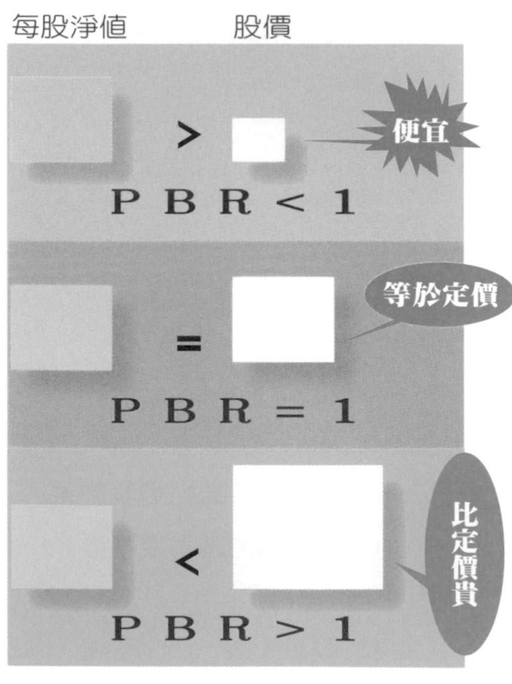

尋找本益比被低估的股票

「去年這張股票價格100元，這個月價格只有26元，現在很便宜…！」

股市新鮮人常常一下子「轉」不過來，不知如何活用本益比，會用價格來計量「便宜」這兩個字。

底下我們就舉一個簡單的例子具體來計算，如何利用本益比找股票。

張先生在94年7月的時候在媒體看上到某上市公司老闆的專訪，覺得這家企業的經營概念很好，所以，上網路查詢了這家公司前六個月的自結業績(見右圖)，從月營收來看，自己和自己公司比算平穩，但跟其他同業相比，業績在水準之上，而且這是一家資本額小的公司，有這種表現已經很不錯。

再數一數當時粗估的EPS，第一季賺了0.46，第二季賺了0.66，假設，這家公司能繼保持這樣的水準，當年度應該可以賺到2.3元。張先生以本益比最小15倍最大20倍計算，價格應該在34.5(2.3×15)到46(2.3×20)之間。

範例：找出被低估價值的股票

●業績(單位：億)	營業收入	EPS(元)
94.1月	2.07	第1季
94.2月	1.82	0.46
94.3月	1.95	
94.4月	2.13	第2季
94.5月	1.65	0.66
94.6月	1.73	
94.7月	?	?
94.8月	?	
94.9月	?	
94.10月	?	?
94.11月	?	
94.12月	?	

已知兩季（6個月）賺1.12，約每月賺0.18，12個月(一年)預估賺2.3。以15倍計，股價有34.5的實力，但94/6月初股價才21元左右，比益比只有9倍。顯然是被低估了。

後來證明，這家公司下半年比上半年更強，Q3、Q4的EPS是1.20、1.34，95年Q1是1.08。

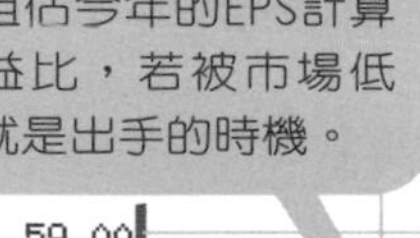

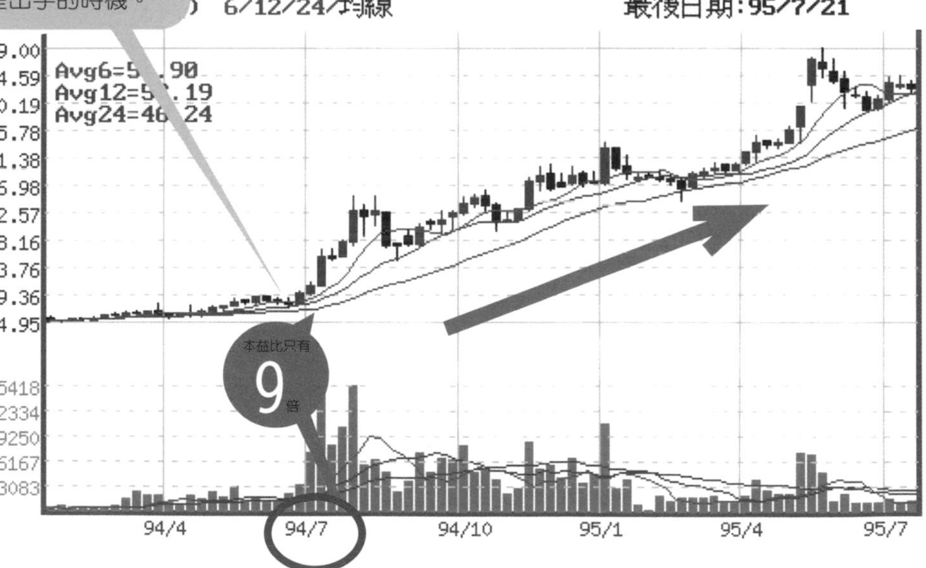

基本認識篇 股價漲跌篇 選股方法篇 本益比實戰篇

但看看當時的股價才20上下，等於是9倍還不到，顯然是被市場低估了。之後也證明，這家公司下半年比上半年業績更亮麗，張先生也因此賺了錢。

便宜，總有便宜的理由

算算PBR、PER再看看業績，找到便宜的股票給它買下去，就對了！？

但別忘了得考慮：流動風險！

所謂「流動風險」，流動，指的是交易是否容易，兌換現金是否容易。

把錢存銀行任何時間都能提款，這就是流動風險低的投資；但把錢用來買房地產，隨時想賣掉提取現金並不容易，這就是流動風險高的投資。

同樣的，在股票市場上也有「流動性高或低」的問題，如果你買台積電、台塑這種有名而且交易量很大的公司，除非有特別事故，否則很快就能賣掉。可是如果買了沒有名氣成交量又很小的股票，流通性就不高，流通性不高就表示沒人氣。在這一節中提到的PBR低、PER低除了便宜之外都有一個同樣的結論就是「沒人氣」。爲什麼會沒人氣呢？投資人最好試著去了解一下。

買沒人氣的股票得有閒錢

沒人氣的股票投資人關注度低，交易量也小，股價變化長時間停滯，能在這種非人氣股票中找出「獲利穩定，也有資產，股價還便宜」，就是有機會賺到大錢的好股票。

購買沒人氣的股票，就要用一段時間不需要的錢，慢慢等著業績有表現，如此就能賺一大段行情。

如果行情看對了，等到這種沒人氣股票關注的人多，沒人氣就會變成超人氣，在人氣的聚集下股價很快就會上漲而脫離實際的價值。對早期布局的人當然是利多，但對於「湊熱鬧」而進場的投資人往往會很錯愕「我是看到業績這麼好才進場的，沒想到竟然買在高點。」

而這也就是股票很現實的地方。

尋找沒人氣的好股票是賺大錢的金雞母

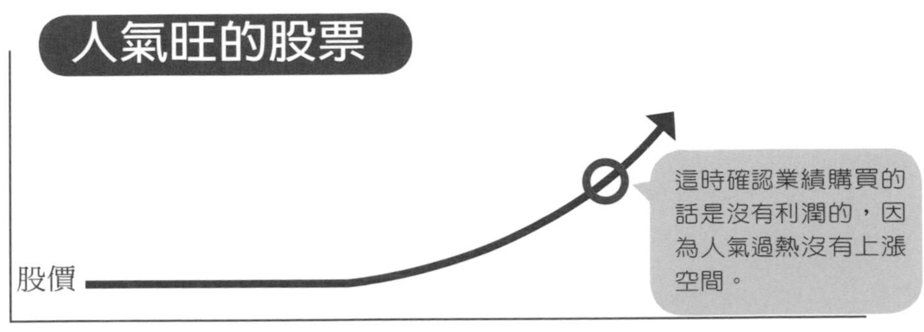

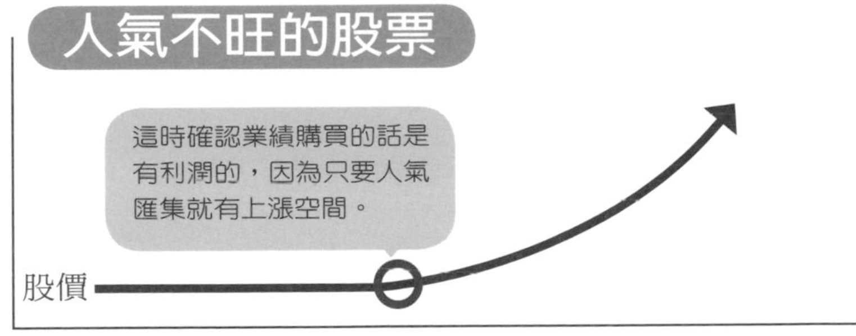

Column

要買對股票總得在人氣尚未匯聚之前行動才能真的賺到大錢。所以，能布局到股價有實力上漲但還沒有上漲，那才是行家。比方說成交量很大的企業就是典型的人氣股票；題材正熱的新興市場股票也是人氣旺的股票。舉凡投資人關注度高，媒體、證券公司也經常報導的，大都屬於人氣股票。

至於沒人氣的好股票是誰？就等著投資人自己去發掘了。

第八節

高成長型公司本益比也高

右圖是國內一家三C電子公司，由證交所查到的資料顯示，從94年初起本益比不但比一般投資人所認為的15～20倍高，也比其他同業高出很多。

「不是說，本益比20以上股價就算太貴了嗎？為什麼還是很多人在這個價位買賣？」

本益比/成長率比值(PEG)

對於高成長性的公司，像電子業、生化產業等，因為未來的成長性高，由媒體查到的本益比資料是採過去EPS計算的結果，所以不能說本益比高就沒有買進的價值。

以右圖的公司為例，營收高成長、獲利也高成長而且穩定(不是像暴發戶那樣突然間變得很會賺錢)就適用於計算本益比/成長率比值(PEG)，也就是連同成長率也考率進去，再以這個數據跟同業或企業過去的表現相比，以此評估股價是否太貴。

成長率可以用一段時間的盈餘成長率或是預估盈餘成長率均可。以右圖的公司為例，若以94年的盈餘成長率(35.64-20.63)/20.63=72%，PEG值的算法就是：本益比29/成長率72=0.4。這個數字算很低了。

PEG值的用法

每種產業有每種產業不同的特性，PEG值的用法就不適用於已進入成熟期的大型績優股、景氣循環股與地產、銀行等產業，它較適合用在股價有活力的個股。同一檔股票，在不同的時間點計算其PEG值自己跟自己比，是比較有意義的，數值愈低表示股價相對愈便宜。

一般來說，PEG值會小於1，如果高於1的話，表示投資人願意以較高的價格購買，顯然，在投資人心目中，這是超級值得期待的股票。

範例：本益比太高了嗎？

●業績(單位：億)		營業收入	稅後淨利	EPS(元)
	91年	102.62	2.70	1.23
	92年	133.52	5.97	2.41
	93年	414.53	20.63	4.07
	94年	387.82	35.64	6.34
市場預估	95年	—	61.80	11.00

強　強　強

當年度預測值

一年比一年賺得多，成長率超過100%。

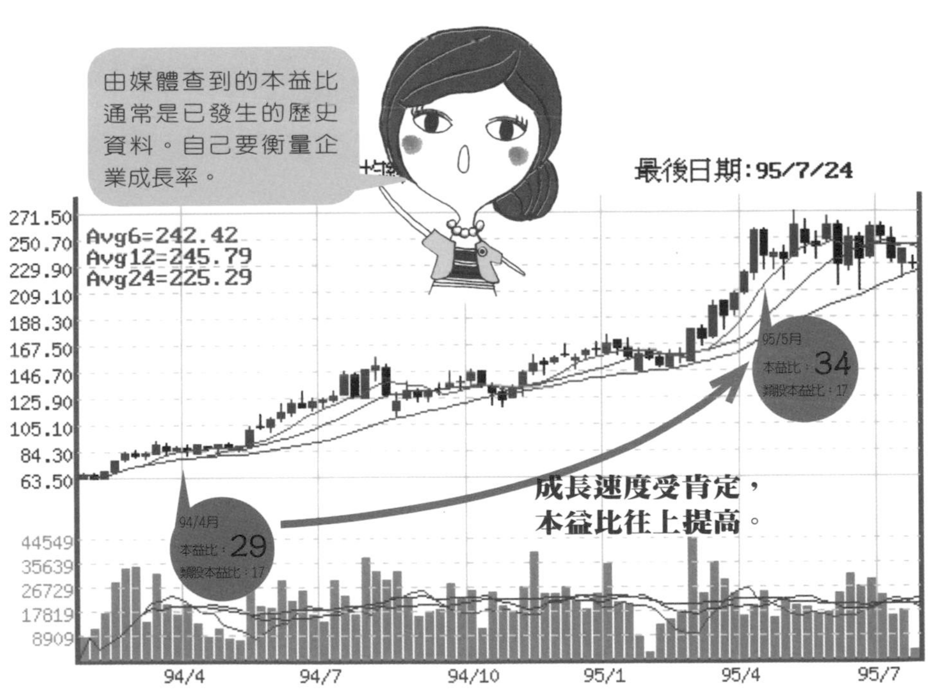

第九節

營運出現轉機的公司

報章媒體上應該聽過「轉機股」這樣的名稱吧！顧名思義，就是指過去營運不佳，但因為某種因素營運出現轉機的股票。

過去營運不佳，意味著股價必定低；因某種因素出現轉機，意味著「將來會賺大錢」。

如果是這樣，轉機股值得買進！

當然，如果未來的營運能如同公司或媒體所宣稱的「出現轉機」，股價自然有表現的空間。若是雷聲大雨點小唬唬投資人，轉機不成往往也會變成投機了。所以，對於這種股票只能用孔子的名言「聽其言觀其行」了。

業績是否配合題材

右圖是一家電子公司，從92、93、94年的財報來看，的確表現並不佳，營收一年不如一年，獲利甚至還出現負值，難怪94年秋天以後股價還跌到淨值之下（編按：由證交所的資料顯示，當時淨值是14.43），但是在94年年底這家公司突然傳出好消息，接獲了大筆的訂單，產品出貨的情形大好。

「真的會嗎？」

「不會是講講而已吧！」

如果之前業績穩步增長的公司這樣說，投資人就比較會相信，但對於之前業績不佳的公司「預測明年一定會大大成長」總叫人起懷疑。

不過，這家公司這次並沒有說謊，95年業績果然翻了好幾倍，這類股票因為從谷底爬升（尤其是已跌破淨值）力道非常驚人，股票一口氣漲了快三倍。這也就是轉機股值得投資人留意的地方。

投資這種營運出現轉機的股票，可能得更費心想想「過去股價為什麼便宜？」是營運團隊的關係？還是景氣循環？還是產業變革？總之，投資人在介入低價轉機題材前，要回歸基本面，以實際獲利數字為依歸。

範例：營運轉機的公司

●業績 (單位：億)	營業收入	稅後盈餘	EPS(元)
92年	145.32	6.26	1.63
93年	129.96	1.25	0.3
94年	116.47	-2.6	-0.63
預估95年	-	13	3

弱

之前，一年不如一年的業績，股價也疲軟不振。94年底有了轉機題材，且業績也配合一個月強過一個月，股價應聲上揚。

●業績(單位：億)	營業收入
94年07月	12.23
94年08月	12.40
94年09月	10.34
94年10月	10.07
94年11月	13.88
94年12月	18.48
95年01月	16.25
95年02月	16.41
95年03月	24.17
95年04月	24.57
95年05月	25.58

強

今年強吧！每月都成長。

94年底公布業績即將上揚的消息，股價仍在低檔。但月營收已創近期月新高。

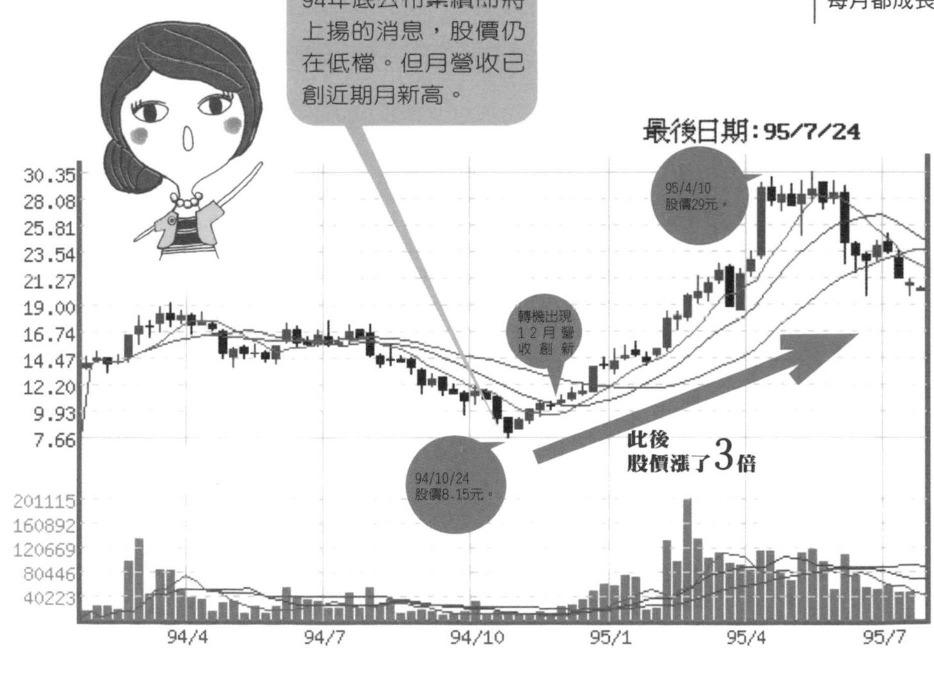

第十節

高本益比＝高風險

右圖是日本某新興企業最近四年的k線圖，這家公司從2003年初上市以來業績表現一直不錯，年盈餘成長率在20%左右，近四年來在財報上維持一貫的高成長，由基本面看來完全沒有特殊之處，但股票價格來看簡直就跟搭雲霄飛車一樣。

上市的第一年，這家公司業績表現已經很突出，但股價卻很低，根據資料，當時的本益比只在10倍左右。這時候大部份的投資人與媒體並沒有特別注意到這家公司的存在。

2003年8、9月因著日本股市景氣恢復，投資人也開始大力的尋找有潛力的股票，短短的幾個月的時間股票漲了幾十倍，本益比最高到200倍。

即使是外行人都知道這是人為過度炒作的結果吧！可見，相信神話(或者心存「賭一把」)的人還是有。

賭博，終非投資正途。

站上最高點只有很短的時間，股價就急速往下掉，2005年在本益比約50倍左右盤旋一陣，終於還是回到合理的本益比(15～20)的現實狀況。

掌握股票的出售時間點

股票交易中，賣出的時間點和買進的時間點同等重要，但也一樣難捉摸。有本事在低本益比時買進，若錯過了賣出的時間點是非常可惜的。

成功的「賣」有兩個。第一，股價已達到預期目標時。第二，當初買進股票的理由已經不存在時。

比方說，利潤以20%成長的公司，你的目標本益比是成長率的1～2倍，也就是本益比落在20～40倍之間，當獲利滿足點已經到了，就應該賣掉股票。擺著不賣一直看到本益比已經50倍、100倍、200倍，賭博的成份就太高了。此外，如果原先買股票的動機是業績成長，若是這個理由不存在，那麼，也該是賣股票的時候了。

範例：高本益比，股票瘋狂（日本某上市企業）

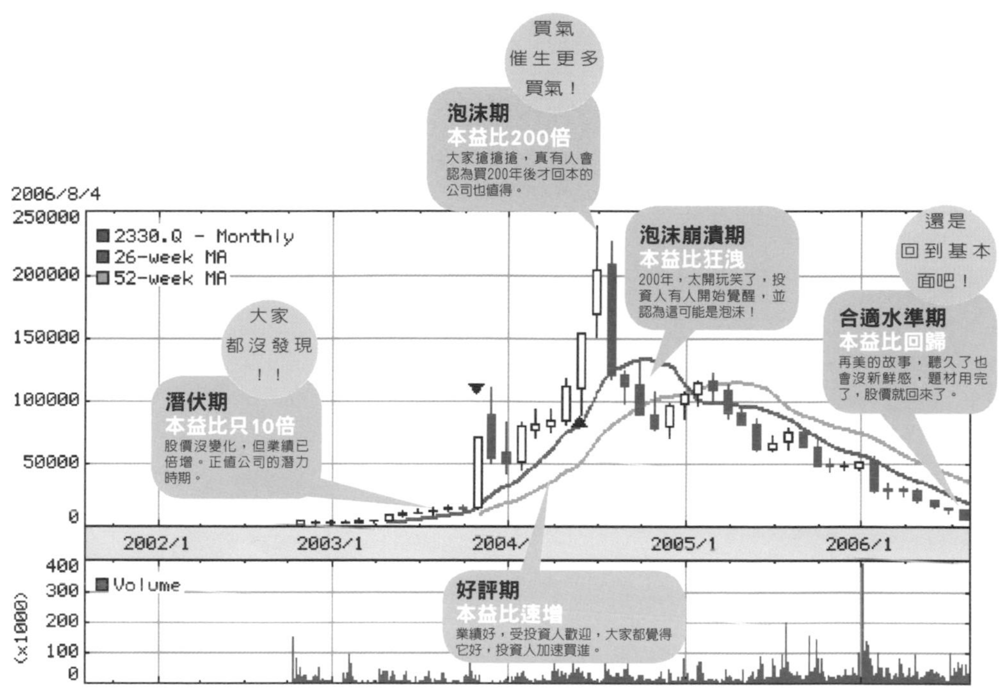

Column

隨波逐流是投資人最重的致命傷。尤其是仿效市場大部份人的行為而不經自己獨立判斷，這是最可怕的。

選股票做分析，不一定真能「算得準」，而是自己「知道自己在幹什麼」。因為惟有經過大腦用心計算過的才懂得珍惜。如果知道買的理由是什麼，就知道何時該賣，賣的理由是什麼，這是分析股票最大的用意。

• 國家圖書館出版品預行編目資料

股票初見面：本益比個人投資家/新米太郎著.

初版.——臺北市：恆兆文化，2006「民95」

144面；　公分

ISBN 986-82173-3-4(平裝)

1.證券 2.投資

563.53　　95009658

股票初見面

本益比個人投資家

出版所　恆兆文化有限公司
Heng Zhao Culture Co.LTD
www.book2000.com.tw
作　者　新米太郎
美術編輯　張讚美
責任編輯　文喜
插　畫　韋懿容
電　話　+886.2.27369882
傳　眞　+886.2.27338407
地　址　台北市吳興街118巷25弄2號2樓
110,2F,NO.2,ALLEY.25,LANE.118,WuXing St.,
XinYi District,Taipei,R.O.China
出版日期　2006年9月初版　2007年8月初版四刷
ISBN　986-82173-3-4(平裝)
劃撥帳號　19329140　戶名　恆兆文化有限公司
定　價　220元
總經銷　農學社股份有限公司　電話　02.29178022